A Fina Flor da Malandragem Capoeirística

Uma investigação sócio-histórica da filosofia da cultura capoeirística

Por Manoel L.S. "Mestre Chitãozinho"

GW00746332

2018

Capa: Monitor Chinna, Grupo Negaça
Capoeira da Inglaterra.

Leitura: Mestre Olímpio

Revisão: Mestre Chitãozinho.

Diagramação: Monitor Chinna.

L. de Sousa, Manoel, 1975

A Fina Flor da Malandragem Capoeirística:
Mestre Chitãozinho. –

Primeira Ed: Amazonas 2018/ Cambridge,
Inglaterra.

1. Filosofia 2. História 3. Cultura 4.
Sociologia 5. Título

ÍNDICI

1 Considerações iniciais

Dentro da filosofia popular da Capoeira, o que significaria a ideia "fina flor da malandragem"; tanto em termos de atitude interna do capoeirista quanto ao que diz respeito ao seu caráter externo? Como esses modos de sentir, pensar e ser do capoeirista poderiam indicar ou determinar caminhos oportunos para ele não apenas na roda, mas no jogo da Capoeira e na sua vida como um todo? E, sendo essa "fina flor da malandragem" um modo de viver consciente em relação a si e ao mundo em atividade dinâmica à sua volta, como o capoeirista poderia desenvolver com certa segurança tal filosofia? Com esse estudo introdutório pretendemos tanto mergulhar nalguns pontos que consideramos importantes para a compreensão do desenvolvimento teórico desse jeito sofisticado de ser em alguns capoeiristas, quanto de suas formas de se comportar na prática. Em tais "jeitos" de ser ou em suas maneiras de se comportar, percebe-se nos capoeiristas uma intensa atividade interna, sobretudo intencionalmente. Essa atividade apresenta-se tanto no caráter simbológico quanto pode chegar a materializar-se por meio das ações corporais dos capoeiristas, conforme as circunstâncias determine que assim o seja. Consideraremos a filosofia da malandragem ou *fina flor da malandragem capoeirística,* pois, não apenas como um entendimento; ou enquanto um saber que a alma do capoeirista configura em sua jornada intima através dos tempos, mas como uma filosofia prática. Filosofia na qual o capoeirista sempre encontra-se buscando se conquistar diante das negociações na roda, no jogo da Capoeira e na vida. Portanto, entendemos a filosofia da malandragem enquanto uma sofisticada matreiragem intencional para ação ou como um jeito de se reinventar criativamente nas circunstâncias corporais por meio de ações ou reações. De maneira que em tal atividade os esquemas da negociação devem ser pensados de modo integral; isto é, o capoeirista age com seu ser espiritual, com suas condições intelecto-morais; por meio de sentimentos e emoções específicos. E, graças à sua atividade corporal propriamente dita, busca sempre encontrar uma balança entre os extremos: bem e mal, entre o correto e o incorreto, vivenciando vantagens e desvantagens, a fim de se reconhecer enquanto sujeito que se adapta no saber e no fazer para prosseguir.

1.1 Introdução

Nessa hora o homem franzino e leve transfigura-se [...] como um símio, como um gato, corre, recua, avança e rodopia, ágil, astuto, cauto e decidido. Nesse manejo inopinado e célebre, a criatura é ser que não se toca, ou não se pega, um fluido, o imponderável. Pensamento. Relâmpago. Surge e desaparece. Mostra-se de novo e logo se tresmalha.

Luis Edmundo, O Rio de Janeiro no Tempo dos vice-reis

O conceito de *fina flor da malandragem capoeirística* aqui pretende considerar não somente a busca do entendimento sobre a maneira que muitos dos capoeiristas de outrora empregavam no vestir-se grã-finamente, mas observar a relação de valor sociocultural e artístico, representado com toda maestria por aqueles que conheciam a *filosofia da malandragem capoeirística*. Em tal filosofia, a ideia precípua consistia tanto em os capoeiristas serem capazes de identificar uns nos outros os simbolismos das maneiras psicoemocionais internas em atividade palpitante neles, quanto buscar ler e compreender mutuamente o significado da linguagem presente nas manobras operadas nas expressões corporais no contexto prático, e portanto, relacional. Isso significaria dizer ainda, tal como se os capoeiristas tivessem que conseguir relacionar significativamente e valorativamente essas possibilidades na sua vida cotidiana; como se essa filosofia fosse os próprios olhos por meio dos quais o capoeirista podesse enxergar a si e ao mundo. Também, intencionamos fazer menção sobre a ideia de que, apesar de o vestir-se grã-finamente poder representar possibilidades positivas para a Capoeira e capoeiristas de outrora, entendemos que se no caso o capoeirista não estivesse grã-finamente vestido, isso não tiraria o fato dele poder ser conhecedor ou praticante da *filosofia da malandragem capoeirística*. Assim, se dentro da ideia de querer representar a grã-finagem capoeirística por meio de certas vestimentas podia ser atividade comum, não a todos, mas à uma boa parte; o mesmo não se daria com o entendimento profundo da matreirice capoeirística. Pois, enquanto que apresentar-se bem posto podia dizer respeito à oportunidade do uso de vestimenta específica por alguns capoeiristas, o professar em alto nível de entendimento psicológico, emocional e corporal, empregando sutileza e elegância à filosofia capoeirística tanto de modo simbológico quanto na prática, não era e nem é algo casual ou simplório à qualquer um.

Supomos, pois, que estas ideias podem nos fazer mergulhar, de certa forma, num entendimento introdutório quanto ao que poderia ser a *fina flor da malandragem capoeirística*, a qual iniciaremos com uma prévia sócio-histórica da ideia do capoeirista enquanto sujeito atuante de modo específico no mundo à sua volta. Iremos perceber que seria os modos de pensar determinadas questões e as maneiras de atuar na prática no mundo relacional, que possivelmente teria, ao lado de muitas circunstâncias ou acontencimentos sócio-históricos e culturais no Brasil de outrora, despertado uma visibilidade distinta sobre o perfil do capoeirista novecentista nesse sentido. Tal perfil, não seria senão o do sujeito astuto; esperto, pronto à fugir ou a atacar, a se esconder ou a aparecer quando se fizesse oportuno. Nesse sentido, perceber-se-á que houve um conjunto de ideias que de sua substancialização no entendimento dos capoeiristas e de escritores que as narraram com certa paixão, um tipo fusão entre esses saberes e certas formas de aplicá-los na prática. Condições essas, as quais teriam fomentado o sentido e o contexto prático da filosofia capoeirística.

Analisaremos ainda a relação entre os simbolismos internos e externos das ações dos capoeiristas dentro da ideia da filosofia da malandragem capoeirística, tentando extrair daí, o que apelidamos de refinada contextura dessa filosofia. Perceberemos que por conta desses complexos caminhos o capoeirista iria desenvolver não somente um tipo de atitude íntima ardilosa, mas apropriar-se de meios sutis muito calculados quando no caso fosse posto à prova no seu campo de manifestação prática relacional. Entre o campo mental e as possibilidades corporais, pois, o capoeirista iria desenvolver uma linguagem tão sofisticada, que podemos apelidá-la de linguagem privada, parafraseando o filósofo austríaco Wittgenstein no seu livro *Investigações Filosóficas*. Nesse sentido, observar-se-á que poder ser privado nas próprias intenções a fim de surpreender o outro capoeirista por meio de uma ação ou reação, seria performar complexa e sofisticada linguagem, e como resultado, uma atividade admirável perante os problemas ou atitudes do cotidiano. De maneira que, dentro dos complexos ordenamentos dos sentimentos do capoeirista, de seus pensamentos e emoções, os significados aí construídos ou reconstruídos, distinguem-se por atenciosa e astuta capacidade de realizar. Esse realizar, diria respeito não apenas à criar ou inventar; ou ainda se "reformatar" quantas vezes for necessário dentro de certas circunstancias; mas saber combinar dentro dos processos interativos, as peças apropriadas à um determinado resultado.

A ideia, todavia de poder penetrar com certo entendimento nas intenções mais sutis do outro capoeirista, desvendando o mundo ativo que muitas vezes se esconde aí, o qual envolve sutileza e caminhos específicos, seria do tipo de ideia que evoca pela descoberta do privado. Com isto, não consideramos que iremos sempre penetrar na intimidade intencional dos outros capoeiristas, e daí arrancar seus planos mais complexos. Pois há capoeiristas tão espertos, matreiros e sutis na arte de se elaborar ou se reelaborar dentro de certas circunstancias na roda e no jogo da Capoeira, que se quer sugestionam seus planos com um olhar, com gestos corporais etc. Isso torna-se mágico e ao mesmo tempo admirável dentro dos esquemas do jogo da Capoeira; pois se o capoeirista podesse prever todas as emboscadas dentro do jogo, este perderia a graça inconteste de suas surpresas envolventes. Mestre Bimba, a quem muito admiramos sua filosofia de vida prática dentro e fora da Capoeira, dizia que "a surpresa é a melhor arma do capoeirista". Pensamos, pois, que se o capoeirista soubesse antecipadamente os acontecimentos dentro da roda e do jogo, ele não se esforçaria para magicalizar as coisas, assim como negligenciaria certos percursos ou poderia utilizar tal conhecimento apenas em favor de seu próprio interesse. Isso poderia ainda, encorajar de uma forma ou de outra, o esforço e a busca intuitiva visando certas resoluções dentro dos caminhos do capoeirista.

Portanto, o tipo de filosofia da matreiragem capoeirística que consideramos aqui, seria aquela que deve ser contrabalançada entre o que o capoeirista pode fazer, e em momentos que se faz oportuno, ou evitar situações que seriam desnecessárias às circunstancias do momento. Nesse sentido, supomos que tal filosofia poderia lhe oferecer prudente influência no campo de suas decisões e ações. Assim, apesar dessa filosofia ser fruto do entendimento sobre os complexos modos de saber ou das formas de como fazer, denota-se por ser uma filosofia de ação prática. Ou seja, seria sentindo, pensando, decidindo ou redecidindo com prudência e ao mesmo tempo performando com sagacidade dentro do contexto prático, que a filosofia da malandragem capoeirística passa a se materializar com qualidade e função construtiva no cotidiano do capoeirista.

1.2 Notícias sócio-históricas sobre alguns caminhos que estariam entrelaçados no desenvolvimento da filosofia da malandragem capoeirística.

... a capoeira é apenas parte das estratégias escravas para lhe dar com a brutalidade do poder escravista. A expansão da comunidade negro-escrava na cidade, resultado também do crescimento do tráfico de africanos para o Rio, criava novas possibilidades de vida lúdica e cultural.

Carlos Eugênio, A Capoeira Escrava e Outras Tradições Rebeldes no Rio de Janeiro (1808-1850)

Desde a chegada da corajosa Corte Imperial Portuguesa ao Brasil em 1808, foragida das tropas de Napoleão Bonaparte, o qual nem mesmo chegara a invadir o território português, se têm notícias sócio-históricas das ações dos capoeiristas. Seja por meio de documentos ou narrativas policiais, tal como podemos observar na pesquisa apresentada por Carlos Eugênio no seu *A Capoeira Escrava e Outras Tradições Rebeldes no Rio de Janeiro 1808-1850* (2004); ou em excelente obra da Dra. Maya Talmon-Chvaicer, com o título *A História Escondida da Capoeira* (2008). Tanto Eugênio como Talmon-Chvaicer nos fornecem interessantes e bem relacionadas fontes da presença das ações dos capoeiristas no início do século XIX.

De acordo com Carlos Eugênio, sobretudo no tema (6) *ondas de capoeiragem*, a presença dos capoeiristas nas comemorações religiosas do catolicismo colonial era bem marcante. Esse autor diz que "[o]s dez anos do período joanino são, como sempre, ricos em evidências. Nos registros de prisões da Guarda Real, o período entre 1810 e 1821 é quase todo pleno de evidências"

(Eugênio 2004, p. 135).[1] Talmon-Chvaicer, ao seu turno, demostra que muitos capoeiristas foram presos, tal como podemos notar na obra de Eugênio. Essa autora nos informa, assim como Eugênio também, como a repressão infame era levada aos extremos; onde muitos capoeiristas, tão-somente por serem objeto de suspeita, chegavam a levar muitas chibatadas. As autoridades diziam que seria por conta de terem sido pegos exercitando, segundo se pode notar nas narrativas policiais, a prática da Capoeira. Mas, quem iria julgar o poder da época e dizer o que era correto ou não fazer com aquela gente, muitas vezes participante das cerimônias religiosas católicas que pretendiam salvar aquelas almas escravizadas entre o trabalho rotineiro, o chicote e o desprezo?

Interessante notar, que já em "30 de setembro de 1812", apenas 4 anos após a chegada da Corte Imperial, registra-se que um

---

[1] Vale a pena conferir esta admirável obra de Carlos Eugênio; rica em detalhes de vários matizes, os quais irão enriquecer os conhecimentos teóricos de qualquer capoeirista a respeito da Capoeira e da própria história em retalhos do Brasil.

capoeirista, "Pedro Benguela, escravo de José Joaquim, foi preso *por estar na Praça Carioca jogando capoeira com uma amolada navalha*" (Talmon-Chvaicer 2008, p. 8). Talmon-Chvaicer enfatiza que Pedro Benguela foi sentenciado a levar 100 chibatadas; ocorrendo algo parecido com outro capoeirista pego jogando capoeira no Botafogo, em 2 de janeiro de 1813. Este levou 200 chibatadas, enquanto o outro, o qual tinha o nome de Tomas, levou 50 chibatadas. Como iremos perceber, embora muito resumidamente, se pode colher informações importantes sobre as ações dos capoeiristas fora do âmbito policial. O que dissemos aqui, diz respeito tão-só para demostrar o quanto os poderes públicos da época eram profundamente apaixonados pelas estripulias dos capoeiristas.

Ainda na primeira metade do século XIX, podemos notar em João Maurício Rugendas, pensador e desenhista alemão, o qual esteve entre 1822-1825 no Brasil, chegando a produzir uma obra curiosa: *Viagem Pitoresca Através do Brasil*. Nesta obra, apesar de Rugendas dedicar um texto curto sobre o que ele entendeu de modo demasiado ligeiro da Capoeira, apelidando-a sumariamente de "folguedo guerreiro, muito mais violento", onde os capoeiras davam marradas uns nos outros, qual bodes, vale a pena, mesmo assim, observarmos as relações do que ele disse e pintou com outras informações atinentes ao capoeirista e à própria Capoeira de outrora (Rugendas 1974, p. 155). Mas, é preciso reconhecer que os desenhos de Regendas dizem muita coisa, quando tentamos conectá-los com muitas outras situações envolvendo os capoeiristas, e mesmo com outros textos e pinturas da época realizadas por outros artistas, tal como foi o caso de Debret. Este visitara o Brasil por conta de integrar em 1816 a Missão Artística Francesa ao Brasil, a pedido de Dom João VI, e ficaria no Brasil até 1831. De maneira que, observando as relações existentes entre os desenhos desses dois grandes artistas, podemos notar com mais amplitude o sentido do que Rugendas quis dizer e pintou.

De modo que se pode perceber a presença das ações ou reações dos capoeiristas de várias maneiras; conquanto nalguns casos, estes por uma razão ou por outra, passem a ser visto como objeto de apreciações um tanto estereotipadas. Jornais tal como podemos observar em **O Correio da Tarde** do Rio de Janeiro, de 20/8/1849, publicaria:

> Capoeira, capoeiras! gente que com a testa faz n'um instante mais espalhafato que meio dúzia de Gordans ébrios a jogarem o soco; gente que com a faquinha n'uma mão e o copo na outra afronta o mais intrépido valentão, mete as vezes uma patrula no chinelo, fazendo-a amolar as gâmbias com a maior frescura do mundo; gente garrula, provocadora, que só guarda as esquinas ou as praças do Mercado, rebuças às vezes em uma velha capa, trazendo o seu cacetinho por disfarce. Eis os capoeiras! (*apud* Eugênio 2004, p. XXX).

Esse tipo de visão sobre o capoeirista de outrora, nos parece ainda mais evidente quando podemos notar em certas descrições literárias mais detalhadas, as quais iriam dar cabo não somente do caráter de alguns dos capoeiristas novecentistas, mas também do seu perfil estético ou dos seus modos de se vestir etc. Nesse caso, se pode observar que já em 1843, Teixeira e Sousa no seu romance *O Filho do Pescador* (considerado o primeiro romance brasileiro), falaria sobre o caráter de um capoeirista.[2] Sousa diz que, "um rapaz

---

[2] Alfredo Bosi na sua *História Concisa da Literatura Brasileira* reconhece *O Filho do Pescador* de Teixeira e Sousa como o primeiro romance romântico do Brasil, o qual veio a lume em 1843 como já dissemos. Bosi considera que antes da publicação de *O Filho do Pescador*, teriam surgido novelas históricas (1825 e 1839) e uma novella sentimental em 1841. Entretanto, entende que há não somente diferença de gênero, mas de fôlego (Bosi 2006, p. 106) entre estas e a obra de Teixeira e Sousa. De acordo com esse autor, "as novelas históricas ou melodramáticas eram, via de regra, adaptação de folhetins franceses traduzidos então copiosamente. Só Teixeira e Sousa compôs um romance (à época do nascimento do romance no Brasil), embora, no fundo, adotasse os expedientes daqueles folhetins" (ibid). O que não quer dizer que não tenha sido original e o marco inicial; apesar de alguns por pedantismo terem considerado Teixeira e Sousa um tanto simplório. Mas, muitos críticos, criticam pelo gosto do azedume; vede o livro *Dom Casmurro* de Machado de Assis, um dos

capoeira [...] tão ágil, tão ligeiro nos manejos de seu corpo que inerme (desarmado), pode defender-se de um homem armado" (1997:108). Apesar da obra de Texeira e Sousa não nos oferecer muito sobre o assunto, torna-se, de certo modo importante como registro. E, quase dez anos após este, Manuel Antônio de Almeida no seu *Memórias de um Sargento de Milícias* (1853-4), tenta descrever o estereótipo do capoeirista, quando narra:

> O Chico Juca era um pardo alto, corpulento, de olhos avermelhados, longa barba, cabelo cortado rente; trajava sempre uma jaqueta branca; calça muito larga nas pernas, chinelas pretas e um chapeuzinho branco muito à banda; ordinariamente era afável, gracejador, cheio de dictérios e chalaças, porém, nas ocasiões de sarílho, como ele chamava, era quase feroz" (Almeida 2010, p. 48).

---

grandes clássicos da literatura brasileira, dizem ser uma inspiração do livro *Otelo* de William Shakespeare, e na Europa já se chegou a sustentar que alguns escritos ditos de Shakespeare, não o pertencia.

Embora a obra de Almeida como diria Antônio Cândido, possa ser considerada "um prematuro realismo" no que diz respeito à sua condição literária, pois que descreve enquanto romance, "lugares, cenas à época de Dom João VI" (Cândido 1995, p. 79); para nós outros, tadavia, que relacionamos o enredo com a época marcante da Capoeira, Chico Juca apresenta-se como um indivíduo entre a ordem e a desordem. A esse respeito, Carlos Eugênio nos informa que o caso de Chico Juca não era único na sociedade carioca da época.

De qualquer maneira, essas e outras características do capoeirista antigo também se pode notar, embora por outro ângulo de ideias, no Capoeira Firmo, personagem intrigante do livro *O Cortiço* (1890) de Aluízio de Azevedo, o qual praticava Capoeira. Nessa obra se pode notar que João Romão, comerciante de origem portuguesa um tanto ganancioso, é dono de um negócio e de um terreno razoável, onde constrói casas de baixo preço para alugar. Um operário é contratado para trabalhar na pedreira e muda-se para o cortiço com sua mulher, Piedade, o qual interessa-se por Rita Baiana, a formosura do cortiço. Rita tinha compromisso com Firmo, mulato elegante e capoeirista hábil, morador de um cortiço vizinho. Este briga com Jerônimo, o operário, e leva a melhor, ferindo-o com uma navalha. Porém, Jerônimo vinga-se de Firmo, assassinando-o a pauladas, após tê-lo atraído para uma cilada. Por conta do acontecido, os colegas de Firmo atacam os "carapicus" do cortiço de J.R; travando uma luta que só é interrompida, graças a um incêndio ocorrido. E por aí vai... No final das contas, é possível vermos a ação de um capoeirista àquela época, o qual não foi bem sucedido naquelas situações, mas demostra um pouco da realidade. Mesmo porque a vida não é um romance linear que sempre deve terminar com uma vitória dos protagonistas, pois que a mesma se reveste de perdas e tragédias; tanto para quem faz a viagem além-túmulo quanto para quem fica.

No entanto, como seria de esperar, narrativas posteriores assumem um outro perfil; onde observar as habilidades do capoeirista, e mesmo algumas ideias que pretendiam expressar regras, se podia notar. Nesse caso, se pode ler interessantes observações sobre o capoeirista e a própria Capoeira num dos artigos escrito por Adolfo Morales de Los Rios Filho, estudioso argentino radicado no Rio de Janeiro (Eugênio 2004, p. 165). Os artigos começaram a ser publicados a partir de agosto de 1926 no jornal *Rio Sportivo*, e tinham um título geral de *Capoeiras e capoeiragens (ibid)*. De acordo com Eugênio, *Adolfo defendia [...] a incorporação da capoeira como o genuíno "esporte nacional"* (ibid), ideia que encontrava-se um tanto polêmica à época. Muito embora a proposta de Mestre Zuma (*Annibal Burlamaqui*), com seu livro publicado em 1928 no Rio de Janeiro, cujo o nome *Gymnastica Nacional (Capoeiragem) Methodizada e Regrada,* tenha alcançado mais considerações na prática do que as ideias oferecidas por Adolfo. Contudo, nos parece tentador dizer que as ideias de Adolfo sugestionariam muita imaginosidade

A Fina Flor da Malandragem Capoeirística

do ponto de vista das ações mais sofisticadas dos capoeiristas.[3] Adolfo, pois, considera que:

> Entre os mais hábeis estivadores, e entre estes festeiros dos descansos salientaram-se alguns que, pelas suas maestrias corporais tornaram-se mestres de neófitos; surgiram regras de ofício do recreio e das pelejas em desafio; teve início a criação de uma escola, sem lições escritas, onde se ensinou a defesa pessoal e, consequentemente, a forma ofensiva, até para a agressiva que aquela pode atingir. Teve assim

---

[3] A declaração de Getúlio Vargas em 1937 de que a Capoeira era um "esporte autenticamente brasileiro", foi positiva e beneficiaría aos capoeiristas e a própria Capoeira; porém, tal ideia pode ter sido preconizada por Adolfo quase 10 anos antes, quando este considera que a Capoeira deveria ser incorporada como "esporte nacional". A partir dessa data histórica (1937) com Getúlio, entretanto, se permitiria que a prática da Capoeira não mais fosse ilegal. Pois, desde as primeiras décadas da chegada de D. João VI, os capoeiristas eram presos; levavam chibatadas ou poderiam ir para um calabolso. E, se observarmos que, de 1812 como um dos registros bem antigos de prisões de capoeiristas até ao Código Penal de 1890, seriam 78; e de 1890 para 1937, quando Getúlio Vargas baixara um decreto tirando a Capoeira do Código Penal, mais 128 anos. Ora, 78+128 seriam 206 anos dentro de uma curta cronologia histórica que pode remeter à acontecimentos ainda mais antigos, os quais se desdobraram em perseguição e opressão aos capoeiristas. Mas, por ser um movimento de resistência vibrante na intimidade do capoeirista como diria Mestre Pastinha, a Capoeira iria ser consagrado na sociedade mundial futura.

seus pródromos a "capoeiragem" (apud Eugênio 2004, p. 167).

Como se pode notar, muitas narrativas, sejam de cunho policial, artístico-literário, informativas em jornais e em artigos tal como ocorreu com Adolfo, vem se desenrolando ao longo da história social e da cultura afro-brasileira. Culminando, ainda, em narrativas posteriores como foi o caso de George Amado, o qual nas obras *Tenda dos Milagres*, *Capitães da Areia* e *Mar Morto*, aborda ideias sobre as ações dos capoeiristas. Nesta última obra, por exemplo, ele fala sobre Besouro Mangangá, um dos capoeiristas mais famosos do final da República Velha do Brasil, o qual deixara marcas profundas na imaginação dos capoeiristas e nos contos populares envolvendo a Capoeira.

1.3 Os dois lados da moeda quanto as ações ou reações dos capoeiristas dentro da sociedade brasileira: necessidade de ser de um jeito e o julgamento da imagem.

...não seria prudente deixar que todos os acontecimentos e argumentos envolvendo a Capoeira e os capoeiristas de um modo negativo no passado, seja culpa tão-somente destes, e de um modo idealístico, da Capoeira. Dai a Cesar o que é de Cesar, e a cada capoeirista o que lhe é ou poder ser de direito.

Trecho extraido do capítulo.

Como se pode notar, as raízes da *filosofia da malandragem capoeirística* passaria a consistir num modo de viver muito complexo, incrementada de maneiras de se expressar com muita sagacidade ou matreirice pelo capoeirista de outrora. E, tal como iremos notar, essa filosofia encontrara suas nascentes dentro dos mais variados ramos do saber nas relações socioculturais e históricas pelas quais o próprio Brasil passava. Circunstâncias e situações sócio-históricas muito complexas para o capoeirista em termos de consciência pessoal e coletiva, iriam levá-lo à longas lutas na esteira evolutiva do tempo. Em Tais lutas, pode-se dizer, o capoeirista encontrava-se (como até hoje) diante da ideia e do querer conquistar-se a si mesmo através das conquistas angariadas por meio da Capoeira, Ideal que faz submergir das entranhas dos seus praticantes, capacidades neles adormecidas. De modo que os capoeiristas seguiam e continuam seguindo veredas; compartilhando capacidades e valores em favor de si mesmo e de muitos.

Pode-se dizer que o espírito do desenvolvimento da filosofia mais sofisticada da Capoeira sempre esteve ligado ao desenvolvimento sociocultural e histórico do Brasil. Muito embora quando falamos de desenvolvimento sociocultural do Brasil do século XIX, e mesmo com a chegada do chamado Estado Novo (1930-45, o qual continuaria com muitos dos velhos preconceitos e ideias de dominação por imposição ou por alienação), é preciso considerar uma realidade marcante. Nesse senário, o capoeirista encontrar-sí-a como sujeito atuante no meio urbano, o qual estava ativamente inserido. Essa realidade marcante a que nos referimos, seria aquela na qual (sobretudo a partir de 1860 ou 1870 em diante) uma maioria dos que se consideravam os brasileiros, descendentes majoritariamente dos colonos ou da classe dominante, encontravam-se com os olhos e seu espírito sedentos para a cultura do velho mundo. Dentro desse senário, muitos de mentalidade dominante, escravocrata ou elitista, iriam se utilizar de justificativas raciais tomadas de empréstimo, por exemplo, de pensadores como o francês Artur de Gobineau (mais tarde criticado ferozmente). Situações que iriam implicar, como consequência, em atitudes de desprezo pelas manifestações africanas, afrodescendentes, indígenas etc. Conquanto na maioria das vezes esse comportamento não passasse de pretexto. Pois, alguns preferiam dizer que o escravo liberto ou cativo não iria corresponder, por falta de capacidade mental, às expectativas dos avanços industriais a que o Brasil estava alcançando. Nina Rodrigues, conhecido como o pai da medicina legal no Brasil, tentando justificar e qualificar uma escala evolutiva de capacidades mentais entre o branco, o negro, o índio e a classe mestiça como um todo (a fim de qualificar, segundo ele, os níveis de superioridade e inferioridade racial), iria dizer que uma certa classe de mestiços seriam um tipo degenerado; ou involuído. Enquanto outra classe, teria algo de superior em relação à certos tipos miscigenados. Ainda bem que como mestiço, Nina Rodrigues criara uma ideia que justificaria o que ele chamou de o mestiço superior; quase igual ao branco em termos de superioridade. Que azar nascer num meio racial que consequentemente sentencia sua condição inferior perante outros que, seja pelo que for, nascem sentenciados à certa condição superior, conforme essas doutrinas. Todavia, eu gostaria de saber do senhor Rodrigues, se o que poderia ser mais ou menos superior ou inferior é a alma ou ser inteligente humano que num corpo habita, ou se seria o corpo que serve tão-só de morada transitória para a alma. Considerando que nem a Antropologia fisiológica encontrou distintivos de superioridade ou de inferioridade em crânios ou em corpos de seres humanos distintos; tampouco a Química descobriu, seja na constituição sanguínea ou na estrutura biológica, algo que demostrasse que ali estaria a prova da superioridade racial entre os seres humanos.

Seja como for, houveram os críticos desse tipo de mentalidade que tendia olhar o Brasil de costas, parafraseando Ariano Suassuna quando este se referia sobre o desconhecimento que muitos estudantes de filosofia tinham sobre o primeiro filósofo brasileiro (segundo ele): Mathias Aires. De modo que, muitos críticos dessas ideias iriam aparecer, e como reconhece José Carlos Reis no seu *As Identidades do Brasil* (2007), "[o]s intelectuais brasileiros do final do século XIX começaram a perceber a distância entre a realidade brasileira e o pensamento que eles próprios produziam" (Reis 2007, p. 89). Reis aponta pensadores e escritores respeitados que criticaram a decadência intelectual e mesmo científica dessa época. Entre eles, cita Silvio Romero, o qual "criticava o ambiente intelectual brasileiro, vazio e banal, e aspirava ter contato com o próprio Brasil" (ibid).[4] E,

---

[4] Capistrano de Abrel, célebre pensador cearense, na sua reavaliação da primeira história do Brasil, escrita por Adolfo de Varnhagen em 1853, não apenas critica este, mas "será um dos iniciadores da corrente do pensamento histórico brasileiro que "redescobrirá" o Brasil, valorizando o seu povo, as suas lutas, os seus costumes, a miscigenação, o clima tropical e a natureza brasileira" (Reis 2007, p. 95). Capistrano "[a]tribuirá a esse povo a condição de sujeito da sua própria história, que não deveria vir mais nem de cima e nem de fora, mas dele próprio [...] Capistrano recupera o passado desse povo em suas lutas e vitórias; [ele] foi o pioneiro da procura das identidades do povo brasileiro, contra o português e o Estado imperial e suas elites luso-brasileiras" (ibid). Esse pensamento original, audacioso e desbravador, irá nos encorajar à defesa intelecto-moral da classe afrodescendente, menos favorecida e de quem quer que se jugue brasileiro, tal como nos ensinou com excelência o inesquecível Luis Gama.

enquanto uma certa classe, segundo Reis, se volta para Comte, Buckle, Darwin, Spencer, Kant e outros, Capistrano de Abrel, Tobias Barreto, Euclides da Cunha, Silvio Romero, sobretudo "[n]o pós-Guerra do Paraguai [...] quer reinterpretar a história brasileira, privilegiando não mais o Estado Imperial, como Varnhagen, mas o povo e a sua constituição étnica" (ibid).

Portanto, esse senário mesclado, por um lado da defesa ao povo brasileiro ou ao que seria o Brasil em termos de identidade, e por outro lado, marcado por atitudes opressoras, física e moralmente, iria criar, como seria de esperar, muitos chafurdos tanto no meio urbano onde a cultura popular se manifestava à céu aberto, quanto dentro dos grandes salões elitizados. Mas, uma questão fundamental iria problematizar ainda mais a vida do escravo ou do ex-escravo, a qual seria vista, tal como reconhece Darcy Ribeiro, transcorrendo no que ele chamou de processo de *desculturação* (Ribeiro 1978, p. 131). De acordo com Darcy Ribeiro em *Os Brasileiros:*

1. Teoria do Brasil, desculturação pode corresponder ao processo por meio do qual um indivíduo ou um grupo de indivíduos podem sofrer através de uma relação dominadora e impositiva em suas ideias e costumes. Processo esse, o qual ocorre na feição de um desenraizamento sociocultural do sujeito de sua matriz de origem. Sociologicamente, se diz que este seria um processo que ocorre quando a modificação cultural conduz à perda de características que até aí construíam traços distintivos da cultura modificada. Tal como se os processos de identidade pessoal e grupal fossem aos poucos sofrendo certa mutação por conta da influência da outra cultura.[5] De acordo com Ribeiro,

---

[5] Entre os próprios escravos, todavia, de distintas etnias africanas no Brasil, houve um tipo de aculturamento; o qual pode ser entendido enquanto resultado de um fenômeno sócio interativo que, levaria um grupo humano em constante convivência com outro grupo humano de cultura deferente, a adotar os valores socioculturais deste. Tal como se pode sugerir haja ocorrido entre o Batuque congolês, a Bassula da Ilha de Luanda, o N'ngolo angolano, as cantorias populares, os martírios da repressão escravista e a consciência de

> O negro e o índio, submetidos a esse processo eram, primeiro, "desumanizados" ao serem tratados como coisas ou como bichos enquanto permaneciam "boçais" e, depois, "re-humanizados" ao se converterem em "ladinos" pelo aprendizado da língua do senhor, pela encorporação compulsória ao novo regime de trabalho, pela adaptação à nova dieta que terminam por integrá-los na nova sociedade e por aculturá-los (Ribeiro 1978, p. 131).

Nesse sentido, e voltando-nos para a questão propriamente dita sobre a ideia de que uns nasceriam para servir e outros para ser os senhores sociocultural e politicamente falando, essa ideia por Ribeiro considerada, mostrar-nos-ia um outro problema não menos complexo. Problema esse, o qual nos deixa perceber sem dificuldades que ao desprezarem o trabalho de escravos ou de ex-escravos no Brasil, sobretudo a partir da Guerra do Paraguai (1864-70), a classe dominante e

---

liberdade, a fim de estruturar-se o que conhecemos hoje como Capoeira.

capitalista iria também desprezar o próprio africano ou afro-brasileiro que tinha servido de mão de obra escrava por praticamente 3 séculos. E nisto se pode perguntar quem dentre essa gente, incluindo os capoeiristas, os quais não eram poucos, estaria pulando de alegria? O retrato da miséria iria graçar frenético em muitas partes do pais. Darcy Ribeiro noutra oportunidade em sua obra: *O povo brasileiro: a formação e o sentido do Brasil* (1995), nos diz que,

> (...) os ex-escravos abandonam as fazendas em que labutavam, ganham as estradas à procura de terrenos baldios em que pudessem acampar, para viverem livres como se estivesse nos quilombos, plantando milho e mandioca para comer. Caíram, então, em tal condição de miserabilidade que a população negra reduziu-se substancialmente. Menos pela supressão da importação anual de novas massas de escravos para repor o estoque, por que essas já vinham diminuindo à décadas. Muito mais pela terrível miséria a que foram atirados (Ribeiro, apud Aquino/Viera/Agostinho e Roedel 2007, p. 52).

Ora, como poderia se conceber que muitos capoeiristas, entendendo como seus descendentes e eles mesmos eram tratados dentro de uma sociedade escravocrata, opressora e capitalista, deveriam permanecer subservientes? Considerando ainda que, muitos ex-escravos ou seus descendentes "[n]ão podiam estar em lugar algum", conforme nos diz Ribeiro na obra citada? Pois, "cada vez que acampavam, os fazendeiros vizinhos se organizavam e convocavam forças policiais para expulsá-los" (ibid), conforme muitos fazendeiros desde a muito no nosso período contemporâneo estão fazendo no Amazonas e em outras partes do Norte do Brasil com os índios.

De maneira que, o problema que supostamente é atribuído ao capoeirista de um modo geral como promotor de certas desordens sociais nos grandes centros do Brasil novecentista, e mesmo no início do século XX, sobretudo no Rio de Janeiro, Bahia e Pernambuco, deve ser repensado com mais cautela. Pois, como se sabe, "[d]esde 1871 a legislação impôs o controle das camadas populares, integrada também por indivíduos livres de cor branca. Dessa forma, objetivava submeter as diversas manifestações culturais de origem popular aos limites da ordem oligárquica" (Veloso, apud Aquino/Viera/Agostinho e Roedel 2007, p. 53). Mônica Pimenta Veloso na obra que acima referenciamos, cujo nome: *As Tradições populares na Belle Époque carioca* (1998), afirma a esse respeito que,

> As camadas populares passam a corporificar o fantasma da oposição, contra a qual se debatem as elites. Sentindo-se cada vez mais acuadas, essas elites tendem a aumentar os seus dispositivos de defesa. Investem contra as tradições populares, vendo-as como expressão contestatória ao seu poder. Exagera-se no potencial liberador atribuído a essa cultura, acusada de favorecer o protesto e incentivar a desordem pública. Candomblé, capoeira, bumba-meu-boi, romarias religiosas, maxixe, violão, serestas, cordões carnavalescos, enfim, as mais variadas expressões culturais passam a ser objeto da vigilância do poder estatal, que volta e meia interfere, legisla, adverte, proíbe e

reprime (Veloso, apud Aquino/Viera/Agostinho e Roedel 2007, p. 5).

Interessante notar, que a ressaca de uma elite semelhante, após 100 anos aproximadamente (referenciando de 1871 como legislação que impusera o controle das camadas populares), iria reconhecer, no auge da Ditadura Militar Brasileira (1964-85), credenciais para a Capoeira de modo sócio cultural e legal e social. Pois, acontecimentos demostram que em 1972 a Capoeira é reconhecida oficialmente como desporto pelo Ministério da Educação e Cultura, o que demostra certos campos de ação dos capoeiristas, embora a repressão social fosse uma marca da época da ditadura.

Portanto, vemos que os contrastes socioculturais e legais infringidos ao meio popular brasileiro, e entre ele estava a Capoeira e os capoeiristas, denotam uma ideia que deve ser reanalisada minunciosamente, sobretudo pelo capoeirista amante da filosofia popular da Capoeira. A fim de que possa este aclarar, quando necessário, não apenas os porquês, mas como teria se estruturado tal filosofia na conjuntura cotidiana do capoeirística de outrora.

Por outro lado, nos perguntamos se não tivesse havido as múltiplas riquezas socioculturais e intelecto-morais entranhadas na mentalidade da população brasileira de outrora, sobretudo nos séculos XVIII e XIX, as quais foram de certo modo reinterpretadas e revividas por todo o século XX; como seria a Capoeira nos nossos dias? Sem a interdisciplinaridade de expressões socioculturais, sem a opressão espiritual, moral e corporal sofrida pelos capoeiristas, contra o que ou com quem estes teriam lutado? Como a Capoeira teria se tornado esse tapete mágico de Aladin; a qual leva os capoeiristas a viajarem dentro de suas próprias imaginações, mas também, dentro da comunidade mundial realizando sonhos, e conquistando espaços, cada um à seu tempo e do seu jeito?

Esse argumento não repousa dentro de uma visão simplista; tanto relacionado ao capoeirista quanto em relação a sua filosofia de vida. Ora, tendo tal filosofia sido (como até hoje) arquitetada como se percebe, de modo sócio-histórico, cultural e a partir de um emaranhado de conexões e paixões, envolvendo o privado e o público, deve conter estrutura muito complexa. Negligenciar os dois lados da moeda; torna-se difícil, senão impossível de aquilatar sobre o porquê que os capoeiristas agiram de um jeito ao invés de outro, e quais as razões que levaram os poderes sociais e legais agirem com os capoeiristas de uma certa maneira. Assim, não bastaria tão-somente culpar os poderes brasileiros desde a chegada da Corte Imperial Portuguesa ao Brasil (1808); ou antes desta, sugerindo que os grandes problemas envolvendo a Capoeira e os capoeiristas por todo o século XIX, e início do século XX, foram causados por estes. Por outro lado, não seria prudente deixar que todos os acontecimentos e argumentos envolvendo a Capoeira e os capoeiristas de um modo negativo no passado, seja culpa tão-somente destes, e de um modo idealístico, da Capoeira. Daí a Cesar o que é de Cesar, e a cada capoeirista o que lhe é ou poder ser de direito.

1.4 A coroa do opressor por meio sócio-político e cultural, e as reações comportamentais do capoeirista enquanto sujeito que resiste para sobreviver, e vive para outros "renascerem".

Em todo caso, se não convém santificar o comportamento de certos capoeiristas de outrora, os quais ocorriam quase a moda das atitudes de muitos soldados que, encontrando-se numa guerra, pecam mais por que têm que cumprir a cartilha que lhes mandaram do que por sua própria vontade, ao menos não os acusemos de modo generalizado.

Trecho extraido do capítulo

Silvio Romero um dos pensadores e escritores mais brilhantes de seu tempo, teria a oportunidade de dizer em sua *História da*

Literatura Brasileira (3 vol), justamente o que estamos desde a muito tentando considerar quanto aos problemas pelos quais a sociedade brasileira, e dentro dela, os capoeiristas enfrentaram. E esse contexto se faz de fundamental importância, ainda que de modo introdutório para nós os capoeiristas nos darmos conta de alguns problemas pelos quais o Brasil novecentista passava. Mas também, para podermos aquilatar como tais coisas teriam, de uma forma ou de outra, afetado o capoeirista.

Dessa forma, Romero nos informa que, "[n]os primeiros quarenta anos do século XIX os acontecimentos políticos precipitaram-se. Estada de João VI no Brasil, Independência, reinado do 1° imperador, Abdicação, revoluções da Regência, tudo executou-se em trinta e dois anos (1808-140) (Romero 1954, p. 774). Assim, ao relacionarmos a ressaca das Regências, por exemplo, junto à pressão para que a abolição do tráfico externo e interno de escravos ocorresse, pode-se perceber sem muitos esforços como o caos e muitas incertezas sociais, políticas financeiras etc., tomavam conta da mentalidade do Brasil àquela época.

Para se ter uma sucinta ideia, as Regências teriam dado início, segundo se sabe, com a abdicação de Dom Pedro I, em 1831 e teria terminado em 1840. Nesse período, o país encontrava-se regido por governos regionais, os quais travaram muitas guerras que quase esfalesseram o Brasil, tal como afirmam alguns especialistas em História do Brasil. O chamado Golpe da Maioridade teria marcado o final das Regências, o qual consta não ter havido um sucessor direto de Dom Pedro I, pois seu filho, Dom Pedro II, contava apenas com 5 anos. De qualquer modo, diz-se que o problema das Regências se deu por conta da instabilidade sócio-política, a qual teria sido provocada, principalmente, pela falta de um governo de pulso, capaz de orientar e organizar as forças políticas do país e resolver os problemas básicos da população pobre, e mesmo miserável. Assim, as Regências na História do

Brasil e seu termino, cronologicamente falando, tiveram uma influência grandiosa nos acontecimentos socioculturais futuros; pois como se sabe muitos problemas continuariam. Afetando assim, quase toda à classe de africanos ou afrodescendentes cativos ou livres; mas sobretudo aqueles que encontravam-se na mira da polícia ou de quem não gostasse de manifestações tal como a Capoeira, o Batuque etc. E, se pudéssemos ir até as reviravoltas ocorridas antes, durante e depois da Guerra do Paraguai (1864-70), a qual muitos capoeiristas foram enviados sob promessa de uma vida melhor ao retornar, iríamos perceber porque e a partir de quais razões muitos capoeiristas como qualquer outras pessoas menos favorecidas, teriam desenvolvido uma filosofia de vida tão complexa.[6] Ou mesmo porque teria ocorrido a

---

[6] Boris Fausto no seu livro *História do Brasil* nos diz que "Senhores de escravos cederam cativos para lutar como soldados. Uma lei de 1866 concedeu liberdade aos "escravos da Nação" que servissem no Exército. A lei se referia aos africanos entrados ilegalmente no pais, após a extinção do tráfico, que haviam sido apreendidos e se encontravam sob a guarda do Governo Imperial" (Fausto 2007, p. 213-214).

fundação de muitas favelas, quase a moda de quilombos às vizinhanças dos grandes centros do país.

Regina Bega Santos no seu livro *Migração no Brasil* (1998), tivera a oportunidade de afirmar que muitos argumentos demostram que o afro-brasileiro seria vítima não apenas de maus tratos físicos e morais, mas chegavam mesmo a serem rejeitados para trabalhar. Abdias do Nascimento, segundo afirma Santos na obra citada acima, afirmara que:

> Os afro-brasileiros sofreram nova decepção em seus sonhos quando constataram que até mesmo no crescente contexto industrial do pais, especialmente em São Paulo, sua força de trabalho era rejeitada. E, assim para que permanecesse o negro um marginal, o governo e as classes dominantes estimularam e subsidiaram a imigração branca europeia, que, além de preencher as necessidades de mão-de-obra, atendia simultaneamente à política explícita de embranquecer a população" (Santos 1998, p. 27-28).

Ora, o problema aqui seria não apenas de dizer: "não queremos mais o trabalho dessa gente", mas de politizar abertamente com a "cara de pau" bem envernizada, a ideia sob a qual se assentava o complexo de superioridade de muitos. Esse pretexto, como já dissemos em tema anterior, clamava que os ex-escravos e pessoas de cor, não seriam capazes para entender como funcionaria o sistema de trabalho que deveria ser realizado pelos "brancos". Então, o desastre da mula branca seria querer dar um coice na mula negra ou mestiça, trazendo para o seu curral, mais mulas brancas que pudessem branqueá-lo. De maneira que alguns da sociedade que alimentavam a ideia de branqueamento através de leis que permitiam a imigração no Brasil, iriam por um lado, aceitar os que em *terras brasilis* não estavam, e por outro lado, rejeitar os que aí habitavam. Essa situação, pois, iria promover a rejeição da população de escravos livres ou em cadeia de necessidades ao lado dos seus senhores. E, como os capoeiristas de outrora estavam inseridos dentro desse contexto, haveria, diga-se de passagem, grande possibilidade de serem rejeitados também. Diríamos mesmo, já que estes explicitamente utilizavam a Capoeira enquanto prática cultural urbana de resistência, que a imagem dos capoeiristas nesse sentido, seria pejorativizada com certo requinte. Pois, ofereciam, como faziam questão de frisar as autoridades da época, perigosa resistência à sociedade. De qualquer maneira, pode-se perguntar se seria justo pejorativizar a imagem dos capoeiristas, utilizando-se tão-somente de documentos muito bem elaborados ao gosto de uma certa classe, e denunciar apenas o lado ruim destes. Valdemar de Oliveira no seu livro *Frevo, Capoeira e Passo*, nos parece incorporar, embora ambiguamente, um tipo de escrita que nos leva a suspeitar, pela sistemática que conduz o assunto, que este fizera alarido um tanto suspeito sobre a imagem do capoeirista. No tema *Os Capoeiras*, ele considera que: "A ideia que geralmente se tem, do capoeirista, não depõe a seu favor: desordeiro, malandro, assassino, sempre às voltas com a polícia, sempre temível e temido" (Oliveira, 1985, p. 73). E, buscando justificar sua prévia, chega mesmo a dizer que escritores tais como Gilberto Freyre (em *Sobrados e Mucambas*), Melo Morais Filho (em *Festas e Tradições Populares*) e mesmo Coelho Neto defenderam, por meio de seus escritos, os capoeiristas. De modo que após narrar alguns episódios, incluído com certa ênfase os casos de Manduca da Praia, tomados de empréstimo do livro *Festas e Tradições Populares* de Melo Morais Filho, o qual Oliveira satiriza sutilmente, entende que muitos capoeiristas por serem mais

> "hábeis ou mais apresentáveis, [irão] desfrutar de uma posição melhor em face dos patrões e da gente branca endinheirada ou ambiciosa; [também] viriam a dar os 'cabras' dos engenhos, os 'capangas; dos coronéis, os capadócios inalteravelmente presentes às secções eleitorais, intimidando os eleitores, emprenhando as urnas, quando não permaneciam sem serviço, dando-se, como escrevia, em 1849, *O Publicador Paraense,* à

crápula, à velhacaria, a vícios infames, gente que "só por fumo de valentia, se punha a beber, a jogar pescoções e a insultar os taberneiros de ladrões e marinheiros" (Oliveira, p.75).

De certa forma, a narrativa de Oliveira apresenta seu cunho de realidade, tal como vimos em *Memórias de um Sargento de Milícias* de Antônio de Almeida. Muito embora essa obra possa ser, como reconhece Antônio Cândido no seu livro *On Literature and Society – Na Literatura e na Sociedade* (1995), um tipo de elaboração mais para o lado da imaginosidade do que para a realidade. De maneira que algumas críticas baseadas em leituras tomadas como verdade; entre as quais pode-se incluir os casos de Manduca da Praia ou mesmo de Besouro Mangangá, devem ser reavaliadas com certo espírito de cautela. De modo que não venhamos a pressupor a partir de tais leituras, ideias pré-concebidas e insatisfatórias no terreno do julgamento generalizado tanto em relação aos capoeiristas quanto sobre a Capoeira. Em todo caso, poderíamos indagar: seria justo pejorativizar o comportamento de certos capoeiristas de outrora, os quais ocorriam quase a moda das atitudes de muitos soldados que, encontrando-se numa guerra, pecam mais por que têm que cumprir a cartilha que lhes mandaram do que por sua própria vontade? Assim, antes de condenar ou mesmo julgar os capoeiristas pelas afirmações de segundos, terceiros etc., convém procurar saber porque os mesmos agiam de um modo ao invés de outro dentro da sociedade.[7]

---

[7] Podemos nos perguntamos porque o estilo de Oliveira foi um tanto declarativo no sentido de que sua ideia, ao que nos parece, volta-se mais para um tipo de cumplicidade para com a ideia da imagem negativa sobre os capoeiristas. Oliveira chegara, como se sabe, a vivenciar um período fascinante da Capoeira, sobretudo como escritor e conhecedor da cultura afro-brasileira nas primeiras décadas do século XX. Pois, morou 5 anos em Salvador (entre 1918 e 1923), por ocasião de ter ido estudar Medicina na capital baiana, e ali, ter tido contado e informação sobre o que se passava com os rumos da Capoeira e com a imagem dos capoeiristas. Nossa análise aqui não visa desconsiderar as apreciáveis informações contidas no livro de Oliveira, o qual admiramos; nem tampouco estamos na defesa ingênua de que os capoeiristas eram santos no jardim do éden brasileiro; e veio serpentes lhes seduzir, por serem inocentes. Mas, procurar saber por qual razão Oliveira lançara uma crítica tão-só vendo um lado da coisa.

No entanto, a coisa é muito mais complexa do que uma ou outra crítica com o fito de pejorativizar; é mais grave do que um ato de opressão particular (mesmo que devamos nos importar com este) ou mesmo de uma ideia que poderia favorecer a intenção de um escritor. Pois, alguns escritores se postam não poucas vezes como se fossem representantes da "verdade", ou mesmo de sistemas de ideias exóticas. Todavia, supomos que ao invés de tais problemáticas trazerem malefícios para a filosofia popular da Capoeira, essas críticas meio truncadas só a fortalece. Porquanto, o capoeirista que empregar sua razão, e buscar intuir sem as influências prontas e acabadas de certos textos contra ele mesmo ou daqueloutros que procuram intencionalmente desfavorecer a Capoeira, e tentar conectar "as peças do jogo" aí implícitos ou explícitos, este poderá se queixar por alguns desatinos de outros capoeiristas de outrora. Mas, porque não se felicitar pela coragem e pelo espírito e força moral de muitos capoeiristas que resistiram na esteira do tempo?

Portanto, não nos rendamos à opressão disfarçada de qualquer indivíduo, instituições ou época; tampouco pelo julgamento apressado, e mesmo sigamos opiniões duvidosas aos nossos sentimentos e pensamentos mais íntimos. Pascal diria com muita propriedade: *"Quem não usa a razão é fanático; quem não sabe raciocinar é facilmente iludido; e quem não se permite utilizar a própria consciência e percepção é um escravo"*.

Dessa maneira, aqueles que trazem a suposição de que a filosofia capoeirística no seu campo de ação prático revestia-se ou ainda se reveste tão-só de coisas negativas ou perniciosas, desconsideram o senário sócio-político e histórico, o qual tal filosofia foi se desenvolvendo. Sobretudo pelos capoeiristas novecentistas e daqueloutros das primeiras décadas no século XX. Edson Carneiro, em sua obra *A Sabedoria Popular*, consideraria que, "Os capoeiras não são homens sem profissão, mas estivadores, carregadores, pescadores, que, nas horas vagas, e jamais em dias úteis, se reúnem para vadiar" (*apud* Silva 1979, p. 27). Ou como diria Pereira da Costa ao se reportar ao perfil do capoeirista pernambucano: "nosso capoeira é antes o moleque de frente de música em marcha, armado de cacete e a desafiar os do partido contrário" (ibid). E, apesar de Melo Morais Filho afirmar que "O capoeira gosta da ociosidade [...], no entanto trabalha; a segunda-feira para ele é um prolongamento do domingo" (Filho 1895, p. 200).

Em estudos respeitados tanto quanto os citados acima, tal como o de João José Reis no seu *A Rebelião escrava no Brasil*, vemos que o escravo africano ou afro-brasileiro, antes e depois da Guerra do Paraguai (1864-70), trabalhava. Ou pelo menos tinha seus afazeres; assim como produzia dentro das grandes casas de fazenda ou no meio urbano. Reis considera (cap. 9, trabalhadores, escravos e libertos) que:

> Africanos enchiam as ruas de Salvador.
> Trabalhavam a céu aberto como artesãos,
> lavadeiras, alfaiates, vendedores de rua,
> vendedores de água, barbeiros, músicos,
> artistas, ferreiros, carpinteiros, estivadores [...]
> A maioria dos visitantes vindo de fora (do
> Brasil), comentavam sobre a variedade de
> ocupações exercidas apenas pelos negros,
> tanto escravos como libertos" (Reis 1995, p.
> 160)

A pesquisa de Reis confirma outros fatos de que tanto os africanos quanto os afro-brasileiros não eram vagabundos.[8]

---

[8] Euzebio de Queiroz num discurso histórico brilhante diz que a partir de 1830 o tráfico deveria ter sido instinto no território brasileiro. Contudo, ao saber disso, os comercializadores pediram um grande número de escravos para abastecer os mercados. Assim, nem a lei de 7 de novembro de 1831 fora respeitada, tampouco a lei de 12 de abril de 1832. Euzebio considera de modo oportuno, e Evaristo de Morais reproduz na sua admirável obra *A Escravidão Africana no Brasil* (1933): "Em um pais tão fertil como o nosso, é sabido que o número de braços necessários para o plantio exige um número sempre maior para a colheita [...] dentro de pouco tempo, esse grande abastecimento de braços, que nos ultimos tempos tinham sido introduzidos, já era insuficiente para as necessidades da colheita; [...] na falta de braços livres os nossos lavradores procuraram, com avidez, a compra de esscravos, e, por consequência, os especuladores eram levados, pelo desejo de grandes lucros, para o comecio ilícito" (p.59).

Ora, isso toma mais sentido ainda, quando se observa que foi justamente no final da década de 1860 (final da Guerra do Paraguai) e início de 1870 que os movimentos abolicionistas no Brasil começaram a ganhar mais corpo, força ideológica e poder de ação dentro do território nacional. Sobretudo em São Paulo, Rio de Janeiro e Minas Gerais. Por exemplo, o redator do Correio Paulistano publicaria uma nota encorajando a emancipação de escravos; onde naquela ocasião, dava a saber que havia libertado em 27 de setembro de 1870, uma escrava e filha, conforme podemos observar na admirável obra: *Da Senzala à Colônia* (2010, p. 450) de Emília Viotti da Costa, editada pela Unesp. De acordo com essa autora, extraído do jornal Correio Paulistano, "Nessa época, a Loja Maçônica América, sob o influxo de Luis Gama, empenhava-se em São Paulo em liberar negros escravizados, ilegalmente" (ibid).

Portanto, não levar em consideração realidades tais como as que pensadores de credibilidade nos deixaram, e se debruçar em textos ideologizados visando denegrir a imagem do capoeirista ou da Capoeira, seria marginalizar uma filosofia que não se conhece por meio de um parecer que se ignora o seu sentido mais amplo e profundo. Além disso, seria generalizar os sujeitos praticantes de um ideal, o qual carrega nos seu "emblema" sócio-hitórico e cultural, os símbolos como marcas indeléveis de uma violenta opressão físico-moral que afetaria o psicossocial dos capoeiristas. Mas, alguns textos e ações contra os capoeiristas de outrora, mediocrizados não poucas vezes pelo pedantismo pestilento de uma corja de pessoas detestadoras de ideias e costumes que não lhes aplaude as bobagens, elaboraram suas verdades cheias de mentiras.

A suspeita a esse respeito nos cutuca tanto a mentalidade, que nos arvoramos em indagar, porque nunca se perguntou aos capoeiristas de outrora e de modo explícito ʾublicamente falando, qual seria o motivo ou ˙ão que os teria levado nalguns casos à ʳma mais perigosa; e noutros casos a cometerem ações cautelosamente dissimuladas. E neste último caso, tais ações ora revestia-se de veículo de resistência a fim de poderem livrar a própria vida; ora como forma de defesa ao seu meio que era desprezivelmente tratado.

Eis porque supomos com certa crença racional, que esta filosofia do entendimento da vida por meio dos saberes capoeirísticos, corresponde, diga-se de passagem, ao conhecimento que o capoeirista desenvolve sobre si mesmo, relacionando-o ao mundo à sua volta. Nesse caso, a consciência de espaço e de tempo palpitante no cotidiano mental e físico dos capoeiristas em atividade constante, iria de certa forma promover um tipo de consciência coletiva não apenas sobre o Ideal que abraçavam, mas sobre o fortalecimento de tal Ideal dentro da brasilidade popular. "E aí está", tal como diria Mestre Nestor Capoeira no seu livro *Os Fundamentos da Malícia* (2002), "outra função da Capoeira, pois antes de mais nada ela é uma escola de sabedoria, de autoconhecimento e de conhecimento dos homens em geral. Uma escola que, somada às outras, poderá nos ajudar à ultrapassar esse difícil período" (Capoeira 2002, p. 141).

Portanto, sendo a *filosofia capoeirística* bem compreendida e vivida no íntimo do capoeirista, tanto nos atos de interação que constantemente o mesmo experiência na roda e no jogo da Capoeira, quanto nos embates da vida, pode auxiliá-lo e muito. Diríamos mesmo que pode vir a direcioná-lo não somente a perceber o caminho por meio do qual ele poderia desenvolver boa visão de mundo, mas quem sabe, despertar nele a capacidade de aprender a se tornar um caminhante por si mesmo. Ideias que podem, de um modo ou de outro, fazer o capoeirista pensar em viver sem as necessidades de muletas "dadas", prontas à antolhar-lhe a visão de mundo. Visão essa, a qual pode receber dos seus modos de sentir e de pensar, os próprios direcionamentos. Porém, se passarmos a nos comprazer em seguir o caminho de certos capoeiristas viciados pela pretenção de serem os gurús dos caminhos dos outros, quase a moda de videntes da vida alheira, e cheios de cegueiras para consigo mesmos, então, do que reclamar quando as coisas não transcorrem ao nosso gosto?

Contudo, o capoeirista que viajar para dentro do mundo de suas infinitas possibilidades intimas, confiar na providência divina e em si mesmo também; e poder tornar-se um amante da arte de penetrar o desconhecido pelo que é conhecido, esse clareará seu caminho por meio do candeeiro latente no seu próprio ser.

2 Ideias, conjecturas e relações doutrinárias sobre o capoeirista e seu comportamento cotidiano.

Capoeirista não dobra uma esquina de peito aberto. Tem de somar dois ou três passos à esquerda ou à direita para observar o inimigo. Não entra pela porta de uma casa onde tem corredor escuro. Ou tem com o que alumiar os esconderijos da sombra ou não entra.

Mestre Pastinha, Entrevista realizada por Roberto Freire e publicada na revista Realidade, em 1967 (Abreu/Castro 2009, p. 26)

Iremos perceber que escritores tais como Melo Morais Filho, Manuel Querino, Luis Edmundo entre outros, iriam fomentar distintos e ao mesmo tempo oportunos entendimentos não apenas quanto aos modos de ser de alguns capoeiristas novecentistas, mas apresentar-nos-iam uma relação de fundamental importância com certos capoeiristas das primeiras décadas do século XX. Esses capoeiristas, os quais iremos fazer menção, chegariam a se tornar mais tarde bastante conhecidos, e suas doutrinas mais amplamente consideradas e divulgadas. Isso tanto por razões sócio-históricas pelas quais o Brasil atravessava, como já fizemos menção anteriormente, quanto pelo espírito de síntese que já seria possível conceber no início do século XX sobre a Capoeira.

Os escritos, pois, desses pensadores acima mencionados, iriam fomentar uma relação de fundamental importância para a compreensão do vínculo entre a ideia do capoeirista novecentista e aqueles das primeiras décadas do século XX. Relação esta, a qual poderá nos oferecer, por um lado, ideias mais ou menos claras de como teria surgido a chamada filosofia da malandragem capoeirística, e por outro lado, como os maneirismos íntimos de certos capoeiristas e seus modos externos de se comportar, teriam encorajado o desenvolvimento da ideia de *fina flor da malandragem capoeirística*. Nesse sentido, Manuel Querino (1851-1923), um dos mais célebres intelectuais de seu tempo, a quem o afro-brasileiro deve parte de suas primeiras narrativas sócio-históricas pelas mãos do próprio afrodescendente, ao se reportar aos característicos angolanos, escrevera em sua obra, *A Bahia de Outrora*: "O angola era, em geral, pernóstico, excessivamente loquaz, de gestos amaneirados, tipo completo e acabado do capadócio e o introdutor da capoeiragem, na Bahia" (Querino 1955, p.73). Ao compararmos essa fala de Querino com o que o poeta e cronista Luis Edmundo (1878-1961) diz, vemos ao mesmo tempo uma combinação curiosa sobre o lado matreiro do capoeirista tanto no saber quanto na sua capacidade para entender o campo de ação prática da Capoeira.

Luis Edmundo, pois, lançando certas observações importantes sobre a vida carioca em sua obra clássica, *O Rio de Janeiro no tempo dos Vice-reis* (1938), descreveria brilhantemente o perfil do capoeirista, tal como citamos abaixo:

> Encara o espírito da aventura, da malandragem e da fraude; é sereno e arrojado, e na hora da refrega ou da contenda, antes de pensar na choupa ou na navalha, sempre ao manto cozida, vale-se da sua esplêndida defesa, com ela confundindo e vencendo os mais fortes e afamados contendores. Nessa hora o homem franzino e leve transfigura-se [...] como um símio, como um gato, corre, recua, avança e rodopia, ágil, astuto, cauto e decidido. Nesse manejo inopinado e célebre, a criatura é ser que não se toca, ou não se pega, um fluido, o imponderável. Pensamento. Relâmpago. Surge e desaparece. Mostra-se de novo e logo se tresmalha (apud Moura 2004, p. 85).

Edmundo descrevera com tantos qualificativos e elegância o perfil do capoeirista por ele percebido, que levaria Francisco Pereira da Silva no seu livro *Itinerários da Capoeira* (1979), a transcrever uma das ideias que para Silva, representa com certa precisão o perfil do capoeirista dentro da ideia de *fina flor da malandragem capoeirística*. "Socialmente é um quisto, como poderia ser uma flor..." (Silva 1979, p. 60). Isto é, admirado com certa denotação pelo seu jeito de se apresentar no mundo relacional; ainda que não se pode deixar de pensar que, escondida por trás das pétalas contexturizadas de algumas flores, pode existir uma vespa perigosa, pronta a atacar.

Essas descrições de Edmundo sobre o perfil do capoeirista, nos levam a conjecturar sobre os vários caminhos fomentadores do caráter enigmático *da filosofia da malandragem capoeirística*, a qual pode ter se desdobrado enquanto uma condição ideológica na imaginação sócio-histórica e cultural no meio da Capoeira ao longo dos tempos. E, enquanto sujeito sócio-histórico que ora uniu, adaptou e transformou costumes, ora apresentou-se como produtor da própria cultura; além de impulsionador de tradições, não podemos deixar de supor que o capoeirista pondo sua consciência e imaginação entre passado, presente e as construções para o futuro, iria reinventar ou inventar as mais extraordinárias veredas artísticas e socioculturais dentro da Capoeira. Pois, ao subordinar sua imaginação ou intuição às experiências concretas do cotidiano, tal como diria o linguista e filósofo prussiano Wilhelm von Humboldt (1767-1835) no seu estudo *Sobre a Tarefa do Historiador* (1821),[9] o capoeirista iria, por meio de um querer ardente, vislumbrar o futuro, fundamentado em realidades cotidianas objetivas ou simbológicas do presente. De modo que o mesmo viesse a desenvolver as

---

[9] De acordo com Humboldt, "nessa subordinação, a imaginação não atua enquanto pura fantasia, é mais propriamente chamada de faculdade intuitiva ou habilidade conectiva" (Humbold 2000, p. 80). Mas, seja como faculdade intuitiva ou enquanto capacidade de conectar aquilo que se imagina ao campo de ação física, tal atividade torna-se fundamental para a realização objetiva dos sonhos do cotidiano do capoeirista. Embora Humboldt estivesse se referindo ao papel do historiador, buscamos ao nosso turno perceber como o capoeirista teria (tal como hoje) procurado relacionar as necessidades e valores sócio-históricos envolvendo ele e a Capoeira dentro dos acontecimentos à sua volta, e tentado materializar suas veredas.

bases de uma filosofia de incrível capacidade de atuação. Filosofia essa, a qual por um lado aprofunda o entendimento da alma do capoeirista, e ao mesmo tempo lhe aponta roteiros; e por outro lado, desenvolve habilidades corporais a fim de que estas estejam de prontidão para receber os comandos da alma. E, diga-se de passagem, tal filosofia seria baseada em muita coragem e em experiências vivificantes para o pensar, para o imaginar e daí, seguiria se objetivando no performar sociocultural e espiritual do cotidiano dos capoeiristas. Eis porque supomos que os capoeiristas enquanto intermediadores de complexa e instigante resistência à qualquer sistema pessoal ou social que queira lhes oprimir, sempre se sujeitam à constantes transformações no pensar e no fazer. Isto porque o próprio capoeirista é mutante; e transita de um estado de aprendizagem ou de consciência sobre si ou quanto ao mundo à sua volta para outro. Possibilidades que impulsionam, assim, os processos evolutivos de sua alma e o progresso da própria Capoeira. E por essas rotas, quem sabe, o capoeirista poderia depositar "as sementes" propensas à germinação de um pensamento capoeirístico mais construtivo. Óbviamente se utilizando dos engenhos criativos, conscienciais e transformadores encorajados pelos refinados idealismo existentes entre a fina flor da malandragem capoeirística e a filosofia da mandinga. Filosofias essas, mixadas de valores ético-morais, espirituais e da fisicalidade ativa do corpo; considerando que se distinguem pelos seus vários saberes, mas sobretudo pela natureza das ações ou reações que os capoeiristas modelam tanto no campo de atividades pessoais quanto coletivas dentro e fora da Capoeira.

De modo que essas ideias ao longo dos tempos poderiam ter resultado numa filosofia de resistência sociocultural não apenas contra qualquer agressor em particular, mas em relação ao sistema sócio-político dominante do Brasil. Sistema esse, o qual baseado nas garras da opressão, do machismo, do autoritarismo e do medo de perder o controle, infringia sofrimentos nos capoeiristas e basicamente em todas as classes africanas ou afrodescendentes mais pobres. Isso tanto por covardia quanto por medo de experimentar o próprio sofrimento que nos outros infringia. Pois todo opressor, seja no social ou no individual; seja referente à uma cultura artístico-marcializada como a Capoeira ou em qualquer outro ramo esportivo, é algoz de si mesmo primeiro, e ao mesmo tempo vítima de sua ignorância quanto ao falso poder que supõe deter para usar contra os outros. De qualquer forma, como o capoeirista fazia parte visível de um corpo sociocultural reconhecidamente ameaçador do sistema que o rejeitava, tinha que não somente lutar e se proteger, mas se reinventar quantas vezes fossem (ou sejam) necessárias para poder continuar sobrevivendo.

2.1 Substancialidade teórica da filosofia capoeirística e suas conjecturas práticas.

[...] e o seu olhar como que mergulha no ânimo do adversário, surpreendendo-lhe as emoções mais súditas, os expedientes mais rápidos.

Melo Morais Filho, Festas e Tradições Populares

O amante da filosofia da malandragem capoeirística num sentido mais amplo e construtivo, tanto simbologicamente como objetivamente nas ações práticas do cotidiano, deveria como necessidade precípua para a sua jornada, não apenas entender a malícia perniciosa dos seus opressores, mas saber negociar com a mesma. Não diríamos devolver na mesma medida, mas tentando neutralizar ou desviar o curso daquilo que negativamente intenciona oprimir o capoeirista ou tolher as possibilidades de atuação de sua arte. Mas, quem sabe muitos capoeiristas estejam pensando, ou mesmo lançando algumas questões por estarmos descrevendo essas possibilidades sobre alguns dos ramos da filosofia capoeirística. Em verdade estamos tentando discutir o cerne dessa filosofia dentro da atividade cotidiana do capoeirista, pois se por um lado essa filosofia, tal como dissemos no limiar desta obra, é entendimento, por outro lado, caracteriza-se pela sua atividade prática. E nisto nos encorajamos a dizer que, o capoeirista que não enfrentar com coragem e determinação as adversidades da vida, tentando adaptar-se mesmo aos mais intrigantes e emaranhados problemas para prosseguir, pode vir a fraquejar. Saber adaptar-se, pois, com o outro ou com certa situação e mesmo com um sistema; procurar fundir os costumes e modos de vida alheios aos nossos para prosseguirmos a jornada, não significa se anular ou perder nossa identidade pessoal ou nacional. Ou ainda sermos alguém sem personalidade, tal como dizem. Pois, podemos "estar" semelhantes ou parecidos com certo perfil para atravessarmos um percurso (tal como o camaleão e outros animais que se camuflam), sem que venhamos "ser" tal qual o perfil que personificamos transitoriamente. O perfil que necessitamos assumir diante das adversidades da vida, seja enquanto capoeiristas ou como cidadãos fora da Capoeira, deve emergir não apenas para podermos transitar de um estado de consciência para outro, mas para podermos experienciar a vida humana relacional de modo transformador e evolucionista.

Todas essas possibilidades que fizemos menção, eram cogitadas por muitos dos grandes capoeiristas que nos deixaram lições de sagacidade tanto no pensar quanto no realizar ou no performar dentro e fora da Capoeira. Nesse sentido, Melo Morais Filho (1844-1919) em *Festas e Tradições Pupulates* (1895) nos convida à pensar, tal como

Edmundo e Querino, sobre significativos entendimentos acerca do capoeirista novecentista e seus modos de ser. Pois, ao retratar o capoeirista, este autor diz: "Seu andar é oscilante, gingando; e na conversa com os companheiros ou estranhos, guarda distância, como em posição de defesa" (Filho 1895, p. 200). Interessante notar que este autor já àquela época propôs admirável observação das características do capoeirista, tal como já vimos nos autores citados acima. Pensamos mesmo que essas características podem ter tido muita influência na mentalidade de certos capoeiristas das primeiras décadas do século XX. Não somente na Bahia como no Rio de Janeiro, e mesmo no Recife, onde nesse último caso, "a capoeiragem", conforme assegura Valdemar de Oliveira no seu livro *Frevo, Capoeira e Passo*, "era o complemento da banda, seu corolário, sua marca de autenticidade" (Oliveira 1985, p. 87). Ou ainda, como diria Luis da Câmara Cascudo no seu *Folclore do Brasil*: "No Recife a capoeiragem separava-se entre os fervorosos admiradores de duas bandas de música que vieram até 1865: a do Quarto Batalhão de Artilharia e a do corpo da Guarda Nacional" (Cascudo 1967, p.179-180).

Em todo caso, pode-se chegar a pensar que os vários comportamentos até aqui mencionados, podem ter sido incutidos na mentalidade de muitos capoeiristas de outrora, os quais teriam soprado influência para todo o Brasil onde passou a ter Capoeira; e porque não dizer também: para o mundo posteriormente.

A saga do capoeirista, propõe de modo brilhante Morais Filho, era de uma capacidade mental admirável, quando informa no livro citado acima: "e o seu olhar como que mergulha no ânimo do adversário, surpreendendo-lhe as emoções mais súditas, os expedientes mais rápidos" (ibid). Considerações que nos levam a supor, em conexão com certas falas de muitos capoeiristas contemporâneos de Mestre Bimba, Pastinha e tantos outros, que a percepção do amante da filosofia da malandragem capoeirística é penetrante, e ao mesmo tempo perspicaz. Uma vez que para mergulhar no ânimo do outro capoeirista, *surpreendendo-lhe* não apenas *as emoções mais súditas,* mas suas intenções matreiramente escondidas, deve tal capoeirista ser, necessariamente, um entendedor dos segredos da prática cotidiana da Capoeira. Prática esta, interpenetrada de saberes simbológicos ou mais objetivos, os quais de uma forma ou de outra consistem em produzir intimamente complexos entendimentos e poder expressá-los corporalmente no campo de interação na roda e no jogo.

É bem possível, todavia, que a influência da *filosofia da malandragem capoeirística* do final do século XIX, tenha alcançado com certa significação muitas das mentalidades capoeirísticas que se sucederiam, tais como o próprio Mestre Bimba, Pastinha, Waldemar, Caiçara e muitos capoeiristas cariocas e pernambucanos. Citando o âmbito baiano, por exemplo, vemos que Mestre Bimba ao lançar algumas recomendações para os capoeiristas, conforme podemos observar no livro de Mestre Itapoã, *Bimba o Perfil do Mestre*, diz: "Não dobre em esquina, o malandro pode estar esperando", ou então: "de noite, de madrugada, só andem pelo meio da rua" (Almeida 1982, p. 44-45). Ou mesmo como diria Mestre Pastinha em entrevista de 1967 concedida à revista *Realidade*: "Capoeirista não dobra uma esquina de peito aberto [...] se está na rua e vê que está sendo olhado, disfarça, se volta rasteiro e repara de novo no camarada" (apud Fred/Castro 2009, p. 26).

Nessas falas, podemos notar certa similaridade tanto no fundo quanto na forma com algumas considerações de Manuel Querino em *A Bahia de Outrora*, quando este aborda o perfil do capoeirista amante da filosofia do saber viver uma vida capoeirística bem vivida; de modo sagaz. Querino informa que o capoeirista podia ir desde "um indivíduo desconfiado e sempre prevenido" (1955, p.73), ou ser do tipo do indivíduo que "ao aproximarse de uma esquina tomava imediatamente a direção do meio da rua" (ibid). Este autor, pois, descrevera com grande significação os modos de ser do capoeirista, chegando mesmo a informar ainda que "em viagem, si uma pessoa fazia um gesto de cortejar a alguém, o capoeira, de súbito, saltava longe, com a intenção de desviar uma agressão, embora imaginária" (p.74). Quem sabe estas ideias, as quais se relacionam com pensamentos de mestres como Bimba, Patinha entre outros, não sejam propriedade de um único escritor; tampouco de um capoeirista em particular. Porém, é possível supor que as mesmas representassem a saga dos modos de viver dos capoeiristas conhecedores da *filosofia da malandragem capoeirística* de outrora. E esses, possivelmente, teriam assimilado do bojo da sabedoria afro-brasileira, não somente os elementos essenciais, necessários diríamos assim, à contextura da filosofia da malandragem capoerística, mas o próprio espírito do caminho desta.

Portanto, supomos houvesse, ainda que apenas pairando na mentalidade de muitos capoeiristas, não apenas ideias tais como essas, mas muitos outros formatos de ideias que iriam produzir um impacto de fundamental importância na formação da filosofia da malandragem capoeirística. E nesse sentido, pode ter ocorrido que cada um tenha pretendido pessoalizar o entendimento desses saberes e práticas ao seu modo; enfeitando da sua maneira, revestindo aqui e ali com seu conhecimento de mundo. De modo que podessem, não apenas pelo idealismo, mas pelas suas maneiras de se expressar, ser capazes de corporificar ideias e ações ou reações que representassem, mesmo em parte, a saga da arte a negociação consigo mesmos e com o mundo à sua volta.

De maneira que, não podemos deixar de pensar que tais comportamentos faziam parte do espírito do afrodescendente como um todo. E, estando de algum modo a mentalidade dos capoeiristas entrelaçada e ao mesmo tempo fundida num corpo interdisciplinarizado de ideias de vários segmentos socioculturais africanos, tais como o Batuque, a Bassula, o N'ngolo, o entendimento da instrumentalidade, o tino para a cantoria tanto africana quando miscigenada com a cultura portuguesa, o gosto para o verso, para a anedota, a busca pela sabedoria de vida que a cada dia procura entender mais, só podia então, a filosofia capoeirista ser algo por excelência e muito sofisticado.

Os capoeiristas chegavam a performar comportamentos cheios de símbolos e ambiguidades para melhor poderem seguirem seu curso individual e social. Tal como ocorria com a mixagem de ideias e práticas entre os batuqueiros e capoeiristas novecentistas como diria Seu João, personagem marcante da obra *A Morte de Besouro Mangangá* (2011), o qual na interpretação de Besouro, seria um mestre da sabedoria popular. Segundo este senhor, capoeiristas e batuqueiras se ajudavam mutuamente para a realização de "um tipo de teatro" benéfico não somente para ambos, mas para dar "alma" de encorajamento ao povo oprimido. Muito embora se tenha dito que esse teatro não oferecia perigo; o que contradiz a ideia de chamar o capoeirista de sujeito perigoso. Entretanto, seria justamente aí onde morava o perigo; pois seria dentro dos simbolismos da brincadeira truncada pela matreiragem expressada entre a dança e a luta, que o capoeirista ria; de modo ambíguo, como pronúncia do perigo, conforme as circunstâncias o exigisse.

Quando dizemos que a brincadeira era (e ainda hoje ocorre) truncada pela matreiragem entre os capoeiristas, tal como diria Mestre Atanilo, um dos velhos discípulos de Mestre Bimba, tal ideia corresponde a um tipo de comportamento representativo. Isto é, o comportamento era representado por meio da ideia do querer e do não querer dissimulados, o qual podia ser notado através das ações ou das reações dos capoeiristas. Porém, uma das questões fundamentais nesse campo, consistia em que na maioria das vezes um ou outro comportamento não correspondia, necessariamente, à base central da intenção para algo ou visando alguma coisa. É que essa condição intencional quase que enigmática no capoeirista em estado de interatividade na roda de Capoeira, no jogo ou fora desse âmbito, não poucas vezes se encontra (como ocorria no passado) movendo a intimidade do capoeirista a lançar, por meio de suas expressões corporais, tipos de "emissários gestuais". Esses "emissários gestuais" ou comportamentos que objetivam destrair, têm como função desviar a atenção de um capoeirista quanto as rotas da real intenção que outro encontra-se arquitetando. Tanto assim que muitas expressões corporais no jogo, não contemplam, se assim podemos dizer, o móvel precípuo do que se quer ou intenciona fazer. Mas, se assemelham a gestos que realizam um teatro bisbilhoteiro, os quais nublam e ao mesmo tempo pode destrair aquele que é objeto de tais ações. E, seria justamente nessa perspicaz atividade que a ação que um capoeirista intenciona, encontra numa micro-fração ativa na ideia do espaço e do tempo do jogo, o impulso para corporificasse. Nesse caso, deve haver um nível tão rebuscado de percepção no capoeirista capaz de pensar e de realizar tal ação ou reação na roda e no jogo da Capoeira, que um vacilo nesse ponto deveria assumir outra conotação. E somos tentandos a dizer que se há um "vacilo" nesse sentido, o mesmo pode ser entendido como uma fração de desatenção ou como a carência do uso de nossa auto-percepção quanto ao mundo ativo à nossa volta.

Portanto, a intencionalidade para ação de um amante e ao mesmo tempo praticante da fina flor da malandragem capoeirística, pode se enconder as vezes por detráz das "moitas teatrais" produzidas com o auxílio dos gingados. Pois estes, não poucas vezes se estensificam em movimentos de ataque ou de contra-ataque, ou quem sabe, nalguns movimentos aparentimente descordenados e "brincalhões". Mas, que se diga ainda: as experiências práticas desses entendimentos, tanto dentro de uma circunstância no jogo quanto nos embates intelecto-morais e corporais na vida, constroem em nós um amplo saber viver, conviver e melhorar.

Ora, podendo ser a sabedoria popular o próprio auge do saber conhecer-se a si mesmo e ao mundo à nossa volta de modo informal; experienciando uma síntese descomplicada das coisas difíceis, podemos dizer que, embora de modo distinto, alguns capoeiristas vivenciam com maestria essa filosofia. Sobretudo dentro das questões práticas na roda e no jogo da Capoeira. Mestre Atanilo, por exemplo, dizia que na arte de saber jogar Capoeira, *o capoeirista faz que vai e não vai, quando o outro pensa que ele não quer ir, ele já foi*, conforme se pode observar no livro *Antanilo, O Relâmpago da Capoeira Regional* (entrevistas com M. Atanilo realizadas por Mestre Itapoã).

De certo modo, Mestre Pastinha também pensou algo semelhante (ou teria Mestre Atenilo pensado em conjunto, não sei) numa de suas brilhantes falas quando diz: "A Capoeira nega [...], a Capoeira é positiva [...],

Têm verdade [...], Negativa é fazer que vai e não vai, e na hora que nego mais espera, o capoeirista vai, entra, e ganha".[10]

Portanto, esse perfil dos saberes da filosofia popular da Capoeira, o qual pode ser percebido também enquanto objeto de identificação entre os capoeiristas antigos (da época de mestres como Pastinha, Bimba etc.), parecia apresentar vários direcionamentos para os capoeiristas em geral. Quem sabe tais ideias chegaram mesmo a impulsionar determinados capoeiristas do início do século XX no sentido destes virem à tentar modelar-se nalguns idealismos quanto à um caráter enigmático. Nesse caso, poderíamos supor que tal caráter, quem sabe, poderia servir mais como meio de identificação de ideias e práticas, onde todo aquele capoeirista que estreitasse sintonia com a filosofia popular da Capoeira, iria passar a entender o fundamento prático da mesma. E, mais precisamente com *a fina flor da malandragem capoeirística*, a qual

---

[10] *Pastinha, Uma Vida Pela Capoeira / Praticando Capoeira.*

como já dissemos, representa um nível sofisticado do saber como fazer acontecer na prática os planos enlaçados na matreiragem; este curioso e complexo mundo ativo na mentalidade do capoeirista em ação. Mundo este, o qual materializa-se simbolicamente ou objetivamente, conforme a razão exigida na roda, no jogo e na vida.

Pode-se pensar, pois, que deve ter havido um tipo de interdisciplinaridade de maneirismos no jeito de pensar, de sentir e de agir, os quais teriam sido absorvido por muitos capoeiristas. Condições de onde poderia ter surgido, pois, caminhos por meio dos quais aflorara no meio da Capoeira a chamada *"fina flor da malandragem"*. Contudo, é preciso que se diga que não houve filosofia subitamente criada na Capoeira, mas ideias desenvolvidas ao longo dos tempos e das necessidades pessoais e coletivas dos capoeiristas dentro da mesma.

2.2 Os simbólicos maneirismos externos dos capoeiristas e ideia da filosofia da malandragem capoeirística.

...poderíamos dizer que a filosofia da malandragem capoeirística prática residiria mais na saga da astúcia calculada no espaço e no tempo, ou da matreiragem pronta a negociar uma adaptação para continuar o jogo da Capoeira ou o jogo da vida, do que mesmo num simples vestir-se de certa maneira.

Trecho extraido do capítulo

Conforme podemos observar em *O Barracão de Mestre Waldemar* (2003), Fred Abreu nos conta que nos idos de 1950, Eunice Catunda visitara a vadiagem de Mestre Waldemar, e aí colhera material sobre certas atividades para elaborar um artigo para a

Revista Fundamentos, em 1952. Neste artigo, intitulado *Capoeira no terreiro de Mestre Waldemar,* Catunda diz:

> É costume a fina flor dos capoeiristas a dançar assim de ponto em branco como se costuma dizer para demostrar sua perícia. Chegam ao cúmulo de dançar de chapéu e os bailarinos hábeis se gabam de sair da dança sem uma só mancha de terra na roupa, limpos e arrumados como se ainda não houvessem entrado em função (apud Abreu/Castro 2003, p. 36).

Essa referência de Catunda apareceria enquanto forte menção de Mestre Waldemar, quando este consideraria os grã-finos modos de se jogar Capoeira nos velhos tempos. Como diria M. Waldemar: "Antigamente agente vadiava de terno engomado, sapato impecável e não sujava, a menos que o adversário fosse desleal" (Waldemar apud Abreu 2003, p. 36). E, embora a referência de Catunda e de Mestre Waldemar diga respeito à vestimenta grã-fina na roda de Capoeira, tais ideias nos convidam à pensar que isto concernia também aos modos de se comportar ou de impor certo respeito dentro da roda. Esse respeito deveria ocorrer, obviamente, nas várias situações da vida cotidiana entre os capoeiristas. Mas Também, se fazia notar com mais propriedade ainda no ato da interação sobre o que se conhecia pelo entendimento e o que se sabia fazer por meio das ações corporais.

Em todo caso, quando dissemos impor certo respeito, pois o permanecer limpo como se não houvesse jogado, como vimos Catunda dizer, seria um misto de habilidades, mas também do cuidado que uns capoeiristas deveriam ter para com outros que se vestiam grã-finamente. Caso contrário, poderia ocorrer, quem sabe, alguma represália, tal como nos diz Mestre Paulo dos Ânjos:

Seu Waldemar ia prá roda de Capoeira vestido de linho diagonal, uma fazenda que não era qualquer um que vistia não. Chapéu Ramenson e sapato da Clark. Você que fosse jogar com ele e por desacerto, sem querer você encostasse o pé sujo no linho

diagonal de Waldemar. Não era louco
(Ânjos, *apud* Vieira 1998, p. 102).

Ora, com a construção desse tipo de
caráter, isto é, do capoeirista tido como
valente ou não me toque (em certas ocasiões)
se poderia jogar Capoeira de manhã até a
noite e não se sujaria. Pois quem seria bobo
para enfiar o pé sujo numa calça branquinha
de Mestre Bimba nos idos de 30, 40 ou 50?
Assim, não podemos deixar de pensar que o
não se sujar poderia tanto está associado à
outras questões de respeito ou medo; ou
mesmo para em clima de cumplicidade
sociocultural, conservarem a tradição do
"permanecer todo branquinho". Atitude essa,
ideologicamente mantida por alguns
capoeiristas envaidecidos de serem peritos na
arte de saber jogar sem se sujar; óbviamente
não sujando o outro, receberia em troca a sua
brancura também. Entretante, não se pode
deixar de pensar e reconhecer que, poderia
haver aqueles que fossem de tal modo
matreiros na arte de jogar Capoeira, que de

tão habilidosos poderiam não se sujar. Condicionados, possivelmente (ou nalguns casos), à vontade do outro de não querer se sujar para não receber bronca.

De qualquer modo, somos levados a dizer que a mais refinada contextura da filosofia da malandragem capoeirística não pode residir, enquanto fundamento de base que emerge do pensar, do sentir e da intencionalidade para ação, tão-só nas expressões externas do capoeirista ou por meio de quais quer que sejam seus trajes. Embora o vestir-se de modo grã-fino ou específico deveria criar, como até hoje podemos notar, um senário de apreciável elegância. A vestimenta elegante, quem sabe, cunhada pelo gosto da boa representação sociocultural que correspondesse a uma visualização bem posta sobre *o sujeito* (o capoeirista), o qual expressando *o objeto* (a Capoeira) de significação, facilitaria por assim dizer, a expressividade valorativa de muita coisa. Sobretudo quanto ao que diz respeito a uma linguagem de estilo próprio, arquitetada pelos engenhos singulares dos capoeiristas, os quais desenvolvem sempre um teatro mágico, e este modela um senário de poder dinâmico e impressionante. Este mister, além de deixar o ambiente capoeirístico mais atraente diante de tantas especialidades ativas nos capoeiristas, forja de um modo ou de outro os processos de interação entre estes. Processos esses, os quais principiando na atividade mútua dos sentimentos, dos pensamentos e das emoções, podem vir a materializar-se por meio dos gestos corporais mais objetivos. Dessa forma, poderíamos dizer que a filosofia da malandragem capoeirística prática residiria mais na saga da astúcia calculada no espaço e no tempo ou da matreiragem pronta a negociar uma adaptação para continuar o jogo da Capoeira ou o jogo da vida, do que mesmo num simples vestir-se de certa maneira. E, diga-se de passagem, aqueles que se detinham tentando imitar sem internalizar o sentimento e o pensamento astuto do que se deveria saber e fazer na atividade corrente na roda de Capoeira, certamente de quando em vez se traiam ou eram pego de surpresa. Pois, se chegassem a se importar tão-só com a forma representada nos gestos e nos trajes, sem meditar significativamente no profundo sentido dos motivos intencionais que poderiam ter levado os grandes capoeiristas a performar tais atitudes, mixadas muitas vezes de comportamentos quase magicalizados, quem sabe aquele que imitasse por esse ângulo, não passasse de copiador desatento de tal filosofia. Assim, esse tipo de capoeirista ao invés de tornar-se um "interpretador" que internaliza, sente e pensa por si mesmo os caminhos simbológicos ou objetivos da ação na roda e no jogo da Capoeira, acamparia na "tenda" superficial da "coisa". E assim, muitos capoeiristas perderiam a oportunidade de aximilar, reinterpretar e perspicalizar a ação ou a reação na roda e no jogo.

Isso que tentamos considerar, encontrou tão clara evidência no pensamento de muitos capoeiristas, que Fred Abreu, observando e indagando aos grandes capoeiristas, chegou a perceber a relação e a distinção sobre os tipos de capoeiristas e a questão do trajes, quando diz:

> Embora manjados nas suas exterioridades, nem por isso totalmente neutralizados em seus mistérios e perigos, talvez, por isso, Waldemar não os perdia de vista ao zelar pelo respeito e a ordem no ambiente do Barracão (Abreu 2003, p. 39).

Abreu acima se refere de um modo ou de outro não apenas aos capoeiristas capazes de atacar ou de se defender com astuta precisão, mas fazia menção à saga de certos modos de ser e de se comportar matreiramente de alguns capoeiristas por meio das sutilezas da filosofia da malandragem capoeirística. De modo que, embora possamos extrair certos entendimentos dos atos externos dos capoeiristas, incluindo a vestimenta enquanto ferramenta estética que têm seu significado e importância; não se segue do fato de um capoeirista estar todo empalitozado; com sapatos elegantíssimos que tais coisas representem em si mesmas a *filosofia da malandragem capoeirística*. Pois, uma coisa é o capoeirista se utilizar de certos aparatos para performar a Capoeira, oferecendo mais visão estética e estilística no que diz respeito à certas formas contidas na mesma, outra coisa é o que ele apresenta de si mesmo pelo campo do entendimento. Demostrando, assim, o fundo da questão corrente; muito embora expressando o valor que as formas contêm ao lado do seu sentido.

2.3 Entre o fundo e a forma da atividade da fina flor da malandragem capoeirística.

se o personalista tentar "resgatar" essa "fina flor" do saber capoeirístico, quem sabe ele queira expô-la tal como um espelho que refletisse a sua própria imagem... E se o interesseiro pretender, Deus o sabe, se antes mesmo de reoferecer essa "fina flor" aos capoeiristas, ele queira "negociar" as "pétalas" da mesma para seu exclusivo interesse.

Trecho extraido do capítulo

É preciso que o capoeirista que deseja entender as complexas questões da filosofia capoeirística, chegue à uma certa compreensão desse ramo, entre tantos outros do pensamento capoeirístico. Ramo este, o qual compreende um estágio do saber dentro do fazer cotidiano do capoeirista, o qual se estende na roda e particularmente no jogo da Capoeira. Nesse particular dentro das questões intrínsicas envolvendo o jogo e a filosofia capoeirística, nos experimentamos e ao mesmo tempo somos experimentados por outros capoeiristas.

Acreditamos, todavia, que um outro estágio da filosofia capoeirística seria o nível por meio do qual conseguiríamos o passaporte para a penetração na estreita relação que a filosofia da malandragem têm para com a filosofia da mandinga. Nessa campo de entendimento e atuação, o capoeirista se nutre de um nível de sabedoria capoeirística mais profundo, onde se poderia citar como um exemplo, Mestre Pastinha. Nesse nível, supomos, o capoeirista passa a vivenciar em espírito e em verdade os ideais da Capoeira; defendendo-os e ao mesmo tempo vivendo-os com coragem e motivação por meio do conhecimento das causas e dos efeitos ocorrentes na Capoeira. Nesse sentido, a Capoeira enquanto Ideal, passa a ser vivenciada não apenas como esporte, como uma luta, ou algo tão-somente para cuidar do corpo ou para se desistressar; mas a ser uma coisa de muito ciência, parafraseando Mestre Caiçara.

Mestre Pastinha fora não somente um conhecedor da fina flor da malandragem capoeirística, mas um amante da sabedoria prática da Capoeira. Vivenciara, supomos, os sentimentos, os pensamentos e as emoções mais complexas e intensas que um capoeirista pode viver; não apenas por meios teóricos, mas no caminhar prático entre ele mesmo e as necessidades do mundo capoeirístico à sua volta. Eis porque é possível considerar, merecidamente, que ele aprendeu, compreendeu e experimentou tanto o fundo das questões de maior pertinência na Capoeira, quanto "calejou-se" de observar as suas mais variadas formas de expressão.

No entanto, o que tudo isso teria a ver com a ideia do fundo das questões da filosofia capoeirística, e também com o vertir-se de branco, jogar e permanecer "limpinho"? É que a ideia do vestir-se de branco na Capoeira, tendo em vista o que já dissemos, tendo em vista o que dizemos, continha e continua tendo seu valor dentro da perspectiva da elegância e das formalidades ou das informalidades na prática da Capoeira. Mas, não pode representar por si mesmo o fundo da filosofia da malandragem capoeirística; muito embora condense com certa moldura, a aparência de uma das formas organizacionais do Ideal Capoeirístico. Tal como vemos a calça e a camisa branca na maioria dos capoeiristas como resultado da herança benfazeja entre ideologias que sairam do século XIX dentro do afro-brasileirismo, e consagrou-se no período da Capoeira Moderna; alcançando o período Contemporâneo da Capoeira de forma mais ampla.

Contudo, se por um lado uma vestimenta grã-fina num boneco de madeira não representaria senão a preferência de um estilo; por outro lado, a magia artística de saber realizar com perícia os simbolismos da linguagem da fina flor da malandragem capoeirística, pode oferecer à Capoeira em ação (por meio do capoeirista, óbviamente), o título de "uma coisa de muita ciência", tal como diria Mestre Caiçara.

Portanto, o vestir-se de branco ou elegantemente significava muita coisa enquanto um emblema de identificação para os capoeiristas, mas não era tudo.

Fred Abreu em *O Barracão de Mestre Waldemar*, considera que:

> O vestir-se de branco não se fazia por regra, preceito ou farda. Reforço à informação; não era obrigação. No mesmo ambiente havia lugar para os sem-chinelo. Andava-se nos trinques por luxo, por chinfra, para se amostrar, para ficar mais "social", para impressionar as negas e as neguinhas, as mulatas e as mulatinhas, as brancas e as branquinhas. Para posar de bacana (Abreu 2003, p. 36).

Entretanto, se o vestir-se de branco ou grã-finamente podia ser possibilidades para muitos, a fina flor da malandragem capoeirística diria respeito à alguns entre aqueles conhecedores atentos dos significados do "traquejo, elegância, picardia" (ibid) dessa arte como diria Fred Abreu. Ou como o entendimento prático sobre tais coisas poderia, por meio das ações ou reações do capoeirista, tornar-se uma "verdade escondida na mentira" tal como ensina Mestre Decânio.

Esse entendimento sobre as complexas riquezas contidas nos elementos que irradiam da mais refinada filosofia da matreirice capoeirística, é portanto, o próprio espírito do sentido da ideia ativa, a qual "dita" o caminho para ação.contida na filosofia da cultura capoeirística. Filosofia essa, a qual supomos está necessitando de um resgate; ainda que este, presumimos, não deve ocorrer por meio dos personalistas ou dos interesseiros transitantes na Capoeira. Pois muitos destes, parecem seguir seu curso infectando muitos capoeiristas mais novos, tal como se fossem uma peste contagiosa. Isto tanto no que diz respeito à violência gratuita, quanto ao orgulho e ao egoísmo em demasía; problemas emaranhados na alma do capoeirista, e que refletem na Capoeira. E, somente pela educação, pela disciplina e com o sacrifício para transformar as suas próprias inclinações, é que o capoeirista poderia vir a sanar esse problema. Dizemos isto, pois se o personalista tentar "resgatar" essa "fina flor" do saber capoeirístico, quem sabe ele queira expô-la tal como um espelho que refletisse a sua própria imagem... E se o interesseiro pretender, Deus o sabe, se antes mesmo de reoferecer essa "fina flor" aos capoeiristas, ele queira "negociar" as "pétalas" da mesma para seu exclusivo interesse. Quanto ao violento, como ele poderá calcular a partir de uma certa calma, aquilo que seria melhor para os capoeiristas? Considerando que o violento, e mesmo o impaciente na maioria das vezes não conseguem conter se quer simples "zangas"?

A elegância nos modos de ser do capoeirista amante dessa filosofia, a qual não seria senão um "jeito de viver e uma questão de infinitas possibilidades" (Almeida 1999, p. 16) no dizer de Mestre Acordeon; ou a atividade que empresta ao capoeirista a disposição para estar sempre "[p]ronto a chorando ou a rir... com a mesma espontaneidade da criança!", nas palavras do Mestre Decânio; é entre as coisas a que um capoeirista deve se prestar, das mais admiráveis! Lutemos, pois, camaradas e amigos de ideal, não apenas com o corpo, mas com a mentalidade e com o coração, que o resto surgirá por acréscimo.

2.3 Possibilidades teóricas sobre a "fina flor da malandragem capoeirística" na sua linguagem interna, e as expressões externas desta no campo das realidades práticas.

[...] o conflito entre dois capoeiristas, conforme os mestres que frequentavam as rodas de antiga Capoeira Angola, transcendiam a mera característica de um combate corporal. O embate físico era apenas uma dimensão de uma luta primordialmente simbólica [...] Nesse imaginário, a "mandinga" aparece como o estruturante central, o componente que atribui a verdadeira identidade ao jogo da capoeira (Vieira 1998, p. 110-111).

Luis Renato Vieira, O Jogo da Capoeira, Cultura Popular no Brasil

Dentro do campo de interação dos capoeiristas na roda e no jogo da Capoeira, e mesmo fora desse âmbito, a *fina flor da malandragem capoeirística* pode ser entendida enquanto uma expressão de duplo caráter. A matreiragem nessa atividade, a qual poderíamos considerá-la tal como uma síntese das experiências do capoeirista angariadas na noite dos tempos, apresenta-se como coisa de valia.

Dissemos, contudo, que esse jeito sofisticado de ser pode expressar um caráter duplo, pois tanto pode despertar em certas circunstâncias o desejo pelo simbológico ou pelo abstrato, como muitas vezes se manifesta o enigmático e objetivo. Essa atividade pode ainda se bifurcar entre o ato da precaução no momento de decidir algo, como pode mover decisões que poderiam resultar em situações diversas. E nisto se pode dizer que a intimidade dos capoeiristas realmente matreiros é de tal modo enigmática ou complexa, que os símbolos de suas expressões corporais não poucas vezes se bifurcam num labirinto de vias pouco acessíveis... Como se habitasse nos modos de ser intimo desses tipos de capoeiristas, uma compreensão mais sofisticada sobre as ideias da Capoeira, e como performá-la em parceria com as necessidades que o momento exige.

Eis porque nos encorajamos a dizer, a partir dos pressupostos que havemos defendido até aqui, que alguns capoeiristas conseguem ser ou representar de modo brilhante, a materialização física do que temos em mente acerca do jogo da Capoeira. De maneira que a linguagem interna em atividade nesses tipos de capoeiristas é porfiada de tal forma, que se assemelha a uma linguagem privada, parafraseando o filósofo austríaco Wittigenstein no seu livro *Investigações Filosóficas*. Para Wittigenstein, essa linguagem seria privada, pois de acordo com a sua condição metafísica na atividade mental ou fora dela mais ligada à mesma, somente penetraria seu sentido ou motivos intencionais para ação, aquele em quem tal linguagem se manifesta. Muito embora se possa dizer, todavia, que a experiência intuitiva e imaginativa de certos capoeiristas pode alcançar um nível tão rebuscado no campo dessa atividade, que estes conseguem sair tão-só da ânsia da especulação sobre uma pista qualquer quanto a intenção do outro capoeirista, para penetrar na natureza da intenção propriamente dita deste. Diríamos ainda, mesmo que as blasfêmias nos atirem pedras de isopor, que certos capoeiristas chegam a captar das correntes de pensamentos uns dos outros ou da própria atmosfera de uma roda de Capoeira, justamente aquilo que percebe ser útil para a interação. Tais correntes de pensamentos, se assim podemos dizer, pairam em volta dos capoeiristas e da própria roda de Capoeira a semelhança de partículas eletromagnéticas dinâmicas em volta do campo de energia vibrante na roda. E, seria justamente esse campo de energia, modelado pela irradiação da força de influenciação dos pensamentos dos próprios capoeiristas, os quais são comandados pelos poderes diretores da vontade destes, que possibilitam que forças mais ou menos ocultas ou privadas se entrecruzem na roda. Nesse sentido, essas forças psicoeletromagnéticas, digamos assim, tanto podem influenciar mentalidade aí presentes, como são influenciadas por essas. Porquanto, há entre os capoeiristas e entre cada um desses e o campo de influenciação da roda de Capoeira, permutas sutis de ideias, muito mais do que os capoeiristas podemos supor. Pois essas correntes de pensamentos a que nos referimos, seguem carregando consigo as vibrações mais secretas dos sentimentos, ou das intenções em atividade metafísica no campo mental dos capoeiristas aí presente.[11]

Entretanto, como um capoeirista poderia penetrar com certa acuidade o móvel dos sentimentos ou das intenções de outro? Como perceber, compreender e dialogar com esse tipo de linguagem privada e de caracter transcendental; justamente quando

---

[11] Havemos explicado esse assunto em livro de nossa autoria: *Mecanismos da Comunicação Mental e Corporal na Capoeira*; e achamos desnecessário redizê-lo aqui de modo mais amplo.

determinadas situações na roda e particularmente no jogo da Capoeira se mostram complexas, ou enigmáticas em termos de compreensão e de solução?

Ora, podendo o sentimento ser entendido como uma força que vibra com certo zelo e determinação na intimidade do coração daqueles que muitas vezes operam em silêncio, os quais nesses momentos sempre estão visando algo, como poderia o capoeirista negligenciar tal atividade? Como um capoeirista poderia negociar com a linguagem ocorrente da permuta de sentimentos e raciocínios, e com certa cautela interagir através desse complexo mundo subjetivo no mundo objetivo da roda de Capoeira?

Nos parece óbvio, e as experiências nos levam a sugerir que, essa linguagem privada, a qual ocorre na intimidade dos capoeiristas com um misto de sentimento e pensamentos, pode produzir potencialmente e de forma mútua entre estes na roda e no jogo, tal como dissemos acima, realidades em forma de energia que são influenciáveis.

Essas ideias sobre linguagem privada, seu entendimento e suas possibilidades de ação podem nos auxiliar na compreensão de muitas coisas atinentes à filosofia capoeirística. Não para ensinar aos capoeiristas aqui como penetrar na intimidade dos sentimentos ou das intenções de outros, pois não somos gurús. Mas, pelo menos para podermos conjecturar sobre a relação entre sentimentos, pensamentos, intenções e emoções no campo das expressões corporais na roda e no jogo. Porquanto, tanto os bons quanto os maus sentimentos de um capoeirista podem produzir pensamentos para algo neste, e tais pensamentos podem impulsionar a execução de certos atos. Ora, uma vez que um ato negativo é executado na roda, e mais particularmente dentro do jogo da Capoeira; e tendo aí aqueles que pela inclinação ou por um estado psíco-emocional de frustração momentânea travem sintonia, a corrente negativa de um gera forças noutros.

De maneira que aquilo que se encontra no centro dos desejos do capoeirista ou de seu querer enquanto busca existencial ardente, tal coisa expressar-se-á em sua personalidade por meio de sentimentos profundos, os quais se materializam por meio de várias formas de linguagens. Por exemplo, na linguagem facial, no olhar e em todos os movimentos corporais que tiverem uma conexão com as intenções. Tal como se aquilo que perambula de modo positivo ou negativo no coração ou na intenção de um capoeirista, podesse ser irradiado pela sua fala ou atitudes; tal como Jesus, o sábio por excelência, tivera a oportunidade de dizer: "Mas as coisas que saem da boca vêm do coração, e estas são as que fazem o homem imundo; porque do coração é que saem os maus pensamentos, os homicídios, os adultérios [...] os falsos testemunhos" (Mateus XV:1-20). Diria ainda, quando criticava a fraqueza injustificável dos atos externos das doutrinas judias, que "não é o que entra pela boca do homem (ser humano) que o torna impuro, mas o que sai da boca do homem é o que lhe torna impuro" (ibid).

Portanto, poderíamos dizer que certas atitudes dos capoeiristas têm muito a ver ou se desdobram de acordo com os interesses do momento, ou com base nos motivos encontrados no âmago dos sentimentos destes. Se um certo sentimento de medo, por exemplo, invadir o comportamento de um capoeirista por conta da presença de outro, este ao perceber a presença daquele, tentará evitar (de modo calculado e privadamente) jogar com ele. Se existir sentimento de repulsa ou animosidade entre dois ou mais capoeiristas, facilmente uma proximidade sem boas maneiras entre estes, poderia desenvolver uma interação não muito equilibrada, primeiro psicologicamente, depois na emotividade, depois na fala, nos gestos etc. Pode-se observar ainda, que se um indivíduo tiver um sentimento para fazer um mal a outrem ou for portador da inclinação para o assassínio, este pode chegar a um processo de elaboração pelo pensar, a partir do que carrega nos seus sentimentos na feição de intenções que vibram em sua intimidade. Ao inverso, se um capoeirista tiver o sentimento de compaixão por alguém ou por algo, esses mesmos sentimentos podem desenvolver raciocínios por meio dos quais se encontrará caminhos para ajudar uma planta, um animal, outro capoeirista ou mesmo a sociedade. O exemplo do sentimento de compaixão (compadecer-se pelo sofrimento do outro, enxergando nele a si próprio) que o samaritano (da parábola contada por Jesus) teve ao ver um homem que fora saqueado e ao mesmo tempo agredido fisicamente, representa bem o que queremos dizer.

Portanto, a interação entre sentimentos e intenções, e a sua influência no campo das decisões dos capoeiristas, pode ser considerado como uma atividade cuja linguagem venha a assumir um caráter privado; ou pelo menos oculto. O privado aqui, seria no sentido de que o capoeirista pode tentar esconder (e muitas vezes esconde) o móvel ou o fundo das razões a que seus sentimentos ou intenções se destinam. Porém, uma leitura atenta na linguagem gestual e no caráter da energia que é irradiada dos capoeiristas em atividade na roda, e dentro dos vai-e-vém do jogo da Capoeira, podemos ir formando as peças de um quebra-cabeças mágico em termos do entendimento sobre a intencionalidade para ação nos capoeiristas.

Dentro do campo de ação da filosofia da malandragem capoeirística, essas ideias podem levar os capoeiristas a entendimentos mais profundos sobre a situação psicoemocional e corporal na roda e no jogo da Capoeira. Eis porque se deve investir no entendimento da linguagem dos sentimentos e da intencionalidade para ação ocorrentes na roda e com particularidade no jogo da Capoeira. Pois entre essas formas de linguagem e sua conexão com o campo das emoções, e daí estendendo-se nos gestos corporais dos capoeiristas no momento da interatividade psicosociocultural destes, há um entendimento de profundo significado que se desdobra. Entendimento este, o qual por um lado, porfia-se entre as realidades metafísicas de mente a mente entre os capoeiristas, e por outro lado, através da materialização física propriamente dita do que há na intimidade destes. Atividade que ocorre visando, não poucas vezes, justificar objetivamente os anseios dos capoeiristas.

Referências bibliográficas

ABREU, Frederico José de. *Capoeira* – Rio de Janeiro, Beco do Azouge Editorial, 2009.

BOSI, Alfredo. *História da Literatura Brasileira*, Ed. Cultrix, São Paulo 2006.

ABREU, Fred. *O Barracão do Mestre Waldemar*. Salvador, 2003.

ALMEIDA, Bira. *Agua de Beber, Um Bate Papo de Capoeira*. Bahia 1999.

ALMEIDA, Raimundo Cesar Alves de. *Bimba, Perfil do Mestre*, Salvador: Centro Editorial e Didático da UFBA, 1982.

ALMEIDA, Manuel Antônio de. *Memórias de um Sargento de Milícias*. Editora Ática, 1982.

BURNS, M. Robert e PICKARD, Rayment Hugh. *Philosophies of History*, 2000. Blackwell Publishers Ltda., Massachusetts USA.

COSTA, Emília Viotti da. *Da Senzala à Colônia*, 2010. Editora da Unesp.

CANDIDO, Antônio. *On Literature and Society*, 1995. Princenton University Press, New Jersey.

CAPOEIRA, Nestor. *Os Fundamentos da Malícia*. Rio de Janeiro. Editora Record, 2001.

FAUSTO, Boris. *História do Brasil* – Editora da Universidade de São Paulo, 2007.

FILHO, Melo Morais. *Festas e Tradições Populares do Brasil* – Ediouro, 1979. Sao Paulo, SP.

MAYA, Talmon-Chvaicer. *The Hidden History of Capoeira* – University of Texas Press. America, 2008.

MORAIS, Evaristo de. *A Escravidão Africana no Brasil* – Editora Brasiliana. São Paulo, 1933.

MOURA, Cloves. *Dicionário da Escravidão Negra no Brasil* – São Paulo, Ed da niversidade de São Paulo, 2004.

NEGAÇA, V. 2, ☐ 2. *Programa Nacional de Capoeira*, 1994. CIDOCA – DF, Ginga Associação de Capoeira, Brasília.

OLIVEIRA, Valdemar de. *Frevo, Capoeira e Passo* – Companhia Ed. de Pernambuco, 1985.

REIS, Carlos José. *As Identidades do Brasil* – FGV Editora, 2007. Rio de Janeiro, RJ.

RIBEIRO, Darcy. *Os Brasileiros: 1. Teoria do Brasil* – Vozes, Petrópolis, 1987.

SANTOS, Regina Bega. *Migração no Brasil*, 1998. Editora Scipione, São Paulo, SP.

QUERINO, Manuel. *A Bahia de Outrora* – Livraria Progresso Editora, Salvador, Bahia, 1955.

REIS, João José. *Rebelião Escrava no Brasil*, 1993. The Johns Hopkins University Press, USA.

RUGENDAS, Johann Moritz. *Viagem Pitoresca Através do Brasil* – São Paulo, Martins, Ed, da Universidade de São Paulo, 1972.

SILVA, Francisco Pereira da. *Itinerários da Capoeira* – Caixa Alta Composições S/A Ltda., 1979.

SOUSA, Teixeira e. *O Filho do Pescador*. Atium, Rio de Janeiro, 1997.

SOARES, Carlos Eugênio Líbano. *A Capoeira Escrava e Outras Tradições Rebeldes no Rio de Janeiro (1808-1850)* – Editora da Unicamp, SP, Campinas, 2004.

VIEIRA, Luis Renato. *O Jogo da Capoeira*, Rio de Janeiro – Sprint, 1998.

WITTGENSTEIN, Ludwig 1999. *Investigações Filosóficas*. Editora Nova Cultural, São Paulo.

11020365R00073

Printed in Germany
by Amazon Distribution
GmbH, Leipzig